ずれを楽しむ保育

少し変えたらおもしろくなる
行事・環境・計画

宮里暁美・田島大輔・芝崎恵子 編集

「ずれ」を楽しむ保育
刊行にあたって

子どもが自分の思いを表すとき

　自分の思いを出して遊び込んでいる子どもとともに過ごすことは、保育者として最高の喜びです。そのとき、保育者がその遊びをどうにかしようと思わずにゆっくりその場に居続けると、「え？　そういう展開になるの？」という事態になって驚かされたり、「そういう発想は自分にはなかったな」と感心させられたり、という瞬間に出会えることもあるのです。

　それは、自分のなかに漠然とあった「遊びのカタチ」が粉々に砕かれた瞬間。その衝撃を味わいつつ、同時に、子どもの力に「ほほー」と感心してしまう瞬間でもあります。また、経験を重ねるなかで見えてくる感覚がわかってくると、子どもの動きに対して「お！　そう来ましたか」と思ってワクワクする、なんてことも起こるのです。

　私たちは、子どもの言葉や動き、発想に驚かされる瞬間を『「ずれ」に気づいた瞬間』と呼ぶことにしました。それは、保育者が思い描いていた「遊びの予想」と、その子自身が作り出す「遊びの現実」との間の「ずれ」です。

自分の思いを出しているからこそ「ずれ」が生まれる

　「ずれている」と聞くと、保育者として未熟で残念なことのように思われるかもしれませんが、私たちは、そんなことはないと思っています。逆に「ずれている」ことに気づけたということは、子どもの実態をとらえることができたということであり、価値のあることだと考えています。保育者の側に、「子どもの思いをとらえよう」という姿勢があったからこそ気づくことができたのです。そして、一人ひとりの子どもが、自分の思いをしっかり出せるように成長してきたからこそ、このような姿が出てきたと言うこともできるのです。もしも、子どもたちのすることが、すべて保育者の思い通り、予想した通りに展開するとしたら、そのほうが怖いと思いませんか。

保育者としての経験を重ねると、子どもたちの姿を予想できるようになりますが、子どもたちの反応が予想通りすぎたら、自分の保育を少し見直すときが来たと考えるといいと思います。子どもたちの動きを統制してしまっていないか、子どもたちは、自分の思いをのびのびと出すことができているだろうか、と。

　そのような意味で、保育者はいつも予想を超える子どもの動きを心待ちにするようでありたい、「ずれ」を楽しみにするようでありたいと思います。そこに、子どもたちの思いの表れがあり、保育の奥深い豊かさがあるのですから。

「ずれ」をおもしろがることから始まる保育

　これからの時代を切り開く子どもたちに求められる3つの資質・能力について、幼児期においては、「知識及び技能の基礎」「思考力、判断力、表現力等の基礎」「学びに向かう力、人間性等」が必要だと言われています。「知識及び技能の基礎」とは、「何を知っているか、何ができるか」ということ。「思考力、判断力、表現力等の基礎」とは、「知っていることやできることをどう使うか」ということ。最後の「学びに向かう力、人間性等」とは、「どのように社会・世界とかかわり、よりよい人生を送るか」ということです。

　これらの資質・能力は、子どもが身近な環境に自らかかわり、力を発揮する体験のなかで培われていきます。園生活のさまざまな場面で、いろいろに感じ、考え、やってみるなかで、ゆっくり、そしてしっかり育まれていくものだと考えます。だからこそ、保育者は、子どもの思いがけないアイデアや夢に出会ったときに、そこで立ち止まり、新しい一歩を探していくようでありたいと考えます。

　「ずれ」をおもしろがることから始まる保育は、とても魅力的です。子どもと環境、保育者が応答的にかかわるなかで生まれる保育です。

「ずれ」に焦点を当てた3つの提案

　「ずれ」には積極的な意味があり、「ずれている」ことを自覚することは、子どもたちが生き生きと力を発揮する保育を実現するうえで重要な視点になると考え、『「ずれ」を楽しむ保育』を刊行することとしました。次の3冊です。保育が一味新しくなる、そんな視点を得る機会になれば、と願っています。

子どもの思いが輝く遊び・生活

　エピソードのなかには、子どもたちの着眼点や、そこに向き合い作り上げる保育の実際が描かれています。「子どもが動き出す保育の秘訣」について提案していきます。

少し変えたらおもしろくなる行事・環境・計画

　当たり前のように行っていた行事や環境について、「どうして？」という疑問符が生まれ、見直しをした実践例を紹介します。小さな違和感がきっかけとなり始まったことです。

見方がひろがる研修・学び合い

　子どもの思いをとらえられるようになると、保育は豊かに展開していきます。日々の保育を見直し、新しい観点を獲得できる研修や学び合いのあり方について、研修例を通して紹介します。

　3つの本は、「ずれ」を真ん中において、重なり合う関係にあります。どの1冊から読み始めても構いません。「これ！」と思うものから手に取ってください。

2024年9月
編者を代表して　宮里 暁美

はじめに
行事や環境、計画をちょっと変えてみる勇気をもって!!

　「ずれ」という言葉を聞くと、不安や恐れを感じることがあります。それは、周囲と異なることへの戸惑いではなく、保育において自分が大切な方向を見失うのではという心配から来ているのかもしれません。

　ある日、先輩保育者に「先生は何のために保育をしているの？」と問われたことがあります。思いがけない質問に、自分が子どもたちとしっかり向き合わず、周りの評価を気にしていたことに気づかされました。このことをきっかけにして、自分の保育への姿勢を見直すことになりました。

　保育では、大人と子どもの感じ方や価値観は異なることも多く、それらが交差し、ときにはずれることもあります。この「ずれ」が保育の多様性を広げ、豊かな保育実践へとつながることに気づきました。「ずれること」そのものが新しい発見や成長の機会となるのです。

　「ずれること」は必ずしもネガティブなことではなく、異なる視点や価値観に触れることで、自分自身が成長するための大切なプロセスと言えるでしょう。物事を「正しいか、間違っているか」で見るのではなく、異なる視点や価値観に揺れ動く自分の感覚を大切にすることが重要です。ときには迷い、立ち止まり、新しい気づきが生まれることもあります。「ずれ」を恐れず、その過程で得られる学びや発見に目を向けることで、保育の質を高めていくことができるのではないでしょうか。

　本書では「ずれを楽しむ保育」をテーマに、保育者の行事計画や期待と子どもたちの反応がずれる瞬間をとらえ、それを成長や学びに変える実践を紹介しています。子どもたちが主体的にかかわり成長する姿は、予定通りに進む行事とは異なる感動を生みます。保育計画も同様に、計画通りに進めることよりも、子どもたちが自発的に動き始めたときにその動きを受け入れ、新しい学びに発展させることが重要です。環境もまた、子どもたちの創造力で思いもよらぬ形に変化します。決まった使い方を超えた自由な使い方を支えていくことで、さらに豊かな保育が実現します。

　子どもたちが見せる予想外の行動をどう受け止め、保育がどう変化したのか、試行錯誤の一例としてご一緒に考えていただければ嬉しいです。新しい視点が開けるきっかけになれば幸いです。

2024年9月
田島大輔

「ずれ」を楽しむ保育 少し変えたらおもしろくなる行事・環境・計画

CONTENTS

「ずれ」を楽しむ保育 刊行にあたって
はじめに　行事や環境、計画をちょっと変えてみる勇気をもって！！

第1章
子どもの思いが輝きだす行事・環境・計画　……11

第1節　「ちょっと変える」は魔法の言葉　宮里暁美　……12

第2節　子どもたちの姿を見ることから始まる保育
マリンタワー・氷川丸遠足の実践例から　芝崎恵子　……22

第3節　生き生きとした保育を生み出す余白と柔軟性　田島大輔　……32

第2章
「ずれ」に気づくことで
行事・環境・計画が新しく生まれ変わった
14の取り組み　……41

事例1　どんなお泊り保育にする？
お泊り保育の夜ご飯を子どもたちと決めてみた！
上飯田幼稚園（神奈川県横浜市）　……42

事例2　星のナビゲーターって何？
子どもたちがつくり出した「いちょうまつり」
文京区立お茶の水女子大学こども園（東京都文京区）　……50

事例3 運動会から親子DAYへ
その子らしさを感じ合う親子の時間
　　　　　ゆうゆうのもり幼保園（神奈川県横浜市） 58

事例4 はじめてのフェス型プレイデー
「でも私たち、やりたいんです！」
　　　　　ふたばこども園（大分県大分市） 66

事例5 子どもたちの今を伝える「あそび展」
「こどもたちのあそびつくる世界展」
　　　　　鶴見大学短期大学部附属三松幼稚園（神奈川県横浜市） 76

事例6 「表現遊びの会」って何だろう？
「はらぺこ商店街」の物語
　　　　　文京区立お茶の水女子大学こども園（東京都文京区） 84

事例7 環境やかかわり方を変えてみると
子どもが動き出すとき
　　　　　文京区立お茶の水女子大学こども園（東京都文京区） 92

事例8 子どもたちと一緒に環境を変えてみた！
お部屋の中、どうする？
　　　　　上飯田幼稚園（神奈川県横浜市） 98

事例9 給食のやり方を見直してみたら…
「暮らし」と「遊び」が織りなす生活
　　　　　文京区立お茶の水女子大学こども園（東京都文京区） 108

事例10 豆まきからきな粉作りへ
豆まきのあとに続く子どもたちの活動
　　　　　金港幼稚園（神奈川県横浜市） 116

事例11 異年齢が交流する行事　子どもたちは楽しめている？
　　　　盛り込みすぎだった計画を見直してみた
　　　　　金港幼稚園（神奈川県横浜市）……………………………………124

事例12 変化し、つながる子どもの姿
　　　　ビー玉コロコロマシーン作り
　　　　　鶴見大学短期大学部附属三松幼稚園（神奈川県横浜市）………132

事例13 保護者も思わず夢中になる
　　　　椿ちゃん、救出大作戦
　　　　　文京区立お茶の水女子大学こども園（東京都文京区）……………142

事例14 地域と「ともに」創っていく保育の営み
　　　　地域と一緒に子育ちを！
　　　　　南片江こども園（福岡県福岡市）……………………………………150

座談会
「答え」は目の前の子どもたちの中にある………………………………………159

編集者紹介・事例執筆園一覧

第1章

子どもの思いが輝きだす
行事・環境・計画

1

「ちょっと変える」は
魔法の言葉

宮里暁美

1 ワクワク・ドキドキの気持ちはどこから来るの？

　子どもたちが生き生きと輝き、力を発揮する保育を行いたい、という願いは、保育者ならば、誰もが抱いている願いではないでしょうか。子どもたちからやりたい思いが次々に出てきて、それを実現するために保育者も奮闘し、思いが形になったことを子どもたちとともに喜び合えたとき、「保育っていいなあ」という思いに包まれるのです。

　筆者は、長く幼稚園で保育に携わってきました。そのなかで、上記のような喜びを多く味わいましたが、同時に、子どもの思いと自分の思いが食い違い、空回りするような保育も多くしてきたように思います。子どもの思いと保育者である自分の思いが食い違っている状況とは、まさにこの本の中で繰り返し取り上げている「ずれている」状況です。そのような状況だったとしても、保育はなんとか行えたのですが、隣のクラスの子どもたちが生き生きと遊んでいる様子を見ると、自分のクラスの子どもたちとの違いを実感し、人知れず落ち込んだものでした。

　どうしたらあのような保育になるのだろうと、隣のクラスのD先生の保育を見に行ったこともありました。そこで気づいたのは、子どもたちがやりたいことをどんどん言ってきていることでした。そして先生も「こんなのはどうかな？」「こういうのもあるよ」と気軽な感じでいろいろと提案したり、やってみたりしていました。保育室の中では、いくつものことが同時に起こっていて、それぞれに夢中になって過ごしていたのです。その保育室にいると軽やかな気持ちになり、なんでもできそうな気持ちになりました。

　そうやって、素敵な保育をする先生の様子を見たからといって、その翌日から私の保育が画期的に楽しいものになったわけではありませんでしたが、子どもたちも保育者も、自分のやりたいことを気軽にどんどん言い合ってい

る状態への憧れは、強く心に残りました。自分の中に「目指したい保育のあり方」の像ができて、そこへ向けての歩みが始まったのだと思います。

2 「何をしても大丈夫！」と思えるから動き出せる

　生き生きと遊ぶ子どもたちには、それぞれに、安心できる居場所があったり、安心できる先生や友達がいたりします。いつでも戻ることができる安全基地があるから冒険ができる。それは、大人になっても同じかもしれません。

エピソード❶ ビニールの帯が揺れるのを感じて（0歳児）

　右写真は、0歳児の保育室の中で、ビニール袋を開いてつないだものを波のように揺らして遊んでいる場面です。2人の保育者が両端を持って揺らすのがとてもおもしろかったのでしょう。寝転がって、足を動かしながら、大喜びしている様子が見られます。

　1人の保育者は立ち、もう1人の保育者は座っています。子どもたちは、座っている保育者のほうに身を近づけながら、ビニールの帯が風に揺れるのを見て楽しんでいます。ここまでリラックスした様子が見られるのは、子どもたちが、安心してここにいられるようになっているからだと思います。どのような保育を計画する際にも、その基盤に「子どもたちの安心感」があること、「安心の基盤」がしっかり育っていることを、大事にしたいと思います。

フワーフワーがおもしろい！

エピソード❷ 霧吹きっておもしろい（2歳児）

　遊びのコーナーに2つの霧吹きがありました。それを2人の子どもが見つけて遊び出しました。

　はじめは「これなんだ？」という顔で見ていましたが、水の出方を理解して、「こうすると出るよ」と互いに教え合い、いろいろなところに水をかけていきました。

　滑り台や砂など、園庭にあるもの

あっ！水が出てくるよ

こっちにもかけてみよう

子どもの思いが輝きだす行事・環境・計画　13

に霧を吹きかけると、濡れた場所の色が変わるのがおもしろくて、次々にいろいろな場所に霧を吹きかけていきました。霧吹きの探究は、そこで終わりません。次には、少し離れた植え込みのほうに駆け出していきました。「霧吹きで周りにあるものに水をかける」ということをやり続けていたら、枝についていた幼虫に出会うこともできました。写真は、霧吹きを手にして、その仕組みを理解し、霧を吹きかけて遊び続けた子どもたちの様子です。最後のは、そのとき見つけた幼虫です。

　私は、夢中になって遊んでいる2人の様子に気づき、そばで記録をしていました。2人がしていることは「霧を吹きかける」ということだけですが、「もっと、もっと」という動きのその先に、幼虫との出会いというサプライズもあって、これが子どもたちに過ごしてほしい時間だな、と思わされました。保育者のかかわりは、道具のコーナーに霧吹きを置いたことと、遊び出した子どもたちの様子を笑顔で見ていたことでした。そして、最後に幼虫を見つけた子どもたちが、興奮して保育者に伝えに行くと、すぐに見に来て「大きいね！」と驚きの声をあげていました。

　子どもたちが興味をもったことに取り組み、さまざまに試す動きができるのは、基盤に「何をやっても大丈夫」という安心感があるからだと考えます。そして、自分たちが見つけた発見を、自分たちと同じくらいに喜んでくれる、保育者の存在を実感しているからだと考えます。

3 「？」を心にもちながら、ちょっとやってみる

　この本のテーマは、行事や環境、計画ですが、保育のなかで、次のような「？」が浮かぶことはありませんか？

- 子どもたちにとってどんな意味があるの？
- 子どもたちは何を楽しんでいるの？
- 行事には意味があると思うけれど、実際どうやったらいいの？
- 場所がないから、やりたくてもできないんだけど……

などです。

いろいろな「？」や嘆きが浮かんできますが、私は、そんな時は、「ちょっとやってみる」といいと思っています。

エピソード❸ 運動会を見直して（3～5歳児）

狭い園庭しかない園での運動会の話です。運動会は大学の体育館を借りて行うことになっていました。通常は大学の授業などで使われている場所だったので、運動会当日のみの借用でした。

かつて幼稚園に勤務していた時は、実際に運動会を行う園庭で練習をしてきましたから、当日しか会場を使えないなんて、とても無理！という思いがまず浮かびました。

しかし、その状況を変えられないとしたら、「とても無理！」という思いのほうを変えてみることにしたのです。その時の合言葉が「まず、ちょっとやってみよう」でした。

第2章では、運動会への取り組みについていくつかの園の素敵な実践を紹介していますが、私たちも、「運動会って何？」という問い直しからスタートしました。

運動会って何？ 子どもたちにどのような体験をプレゼントする行事なの？ と考え合ったとき、出てきたのは「思い切り走ったり、投げたり、踊ったりする楽しさ」というシンプルな答えでした。

子どもたちは走ることが大好きです。どのような場所でも元気いっぱい走ります。だとしたら、思い切り走る体験を、いろいろな場で重ねていこう、と

思い切り走る！

いうことになりました。草が生い茂る空き地は、子どもたちの大好きな場所で、そこで、たくさん走りました。この姿は、運動会当日に、体育館で思い切り走る姿にしっかりつながっていました。

ちょっと工夫したのは、玉入れです。園舎2階の3、4、5歳児のオープン保育スペースは、ある程度の広さはありますが、それほど広くありません。赤対白の対決風な取り組みには向いていないように思えました。「玉をかごに投げ入れる」おもしろさや、「入った！」という喜びを味わうことが目的だよね、と考え合い、赤白対決でやるのをやめてみました。

まず、赤いカゴを出し、みんなでそこに入れていきます。どのくらい入るかな、ということがみんなの思いになりました。

次に白いかごを出し白い玉を子どもたちに渡すと、やる気満々な子どもたち。経験が重なってきたからでしょうか、どんどん白玉が入っていきます。あっという間にいっぱいの白玉がかごに入り、子どもたちは歓声を上げて喜んでいました。

このようにして、戸外や室内で運動会につながる活動を楽しむようにし、運動会当日は、ワクワクする気持ちで体育館に集合しました。たくさんの保護者の応援を受けながら、元気に運動する子どもたちを見て、「この行事は〇〇でないとダメ」「〇〇でないとできない」と決めつけてはいけないこと、ちょっとやってみて子どもの反応を見て、さらに取り組んでいく大切さを感じました。

1回目は、みんなで赤玉を入れる

2回目は白玉！

運動会当日の様子

4 新しい視点を得たことで、広がる世界

「いつもこうしているから」ということを変えてみる、ということは、そう簡単ではありません。いつものやり方が子どもたちにとっていいことだ、と思っている時はなおさらです。ところが、何か

のきっかけで新しい視点を得て、背中を押されるようにしてやってみると、「ああ、そうだったのか」と驚かされるのです。新しい視点を得たことで視点が広がった私自身の体験を紹介します。

エピソード❹ いつもの散歩を見直してみたら（4・5歳児）

　A幼稚園から歩いて5分ほどの場所に都立林試の森公園（前頁左下写真）はありました。A幼稚園は、小学校併設で園児数40名ほどの小さな園でした。園専有の遊び場は、砂場や滑り台などの遊具のみで、走り回って遊ぶのには校庭を借用していました。

　ある年「豊かな自然体験を通して、感性豊かな子どもたちを育てたい」という願いを抱き、そのために近隣の公園、自然豊かな公園をもっと活用しよう、ということになりました。ちょうど、日本中で「森の幼稚園」の実践が始まり出した頃のことでした。このような考えをもつまでは、公園の利用は月に1回程度でしたが、そこを見直して、毎週行く、毎日続けて行くなど、出かける頻度を多くしようと考えたのです。

　公園を自分たちの居場所と思えるようにしたいという願いをもち、アドバイザーとしてプロ・ナチュラリスト佐々木洋先生に助言をいただきました。そこで、受けた助言の中で、最も心に残ったのが、「拠点を定めて繰り返し行く」と「旬を逃さない」でした。

〈拠点を定めて繰り返し行く〉とは…

　林試の森公園は細長い公園で、特色ある遊び場所が複数ありました。月1、2回出かけていた時には、行くたびに違う場所に出かけるようにしていました。行く場所を変えることが子どもたちの豊かな体験につながる、と思っていたからです。

　しかし、「自然は変化するところに意味がある」「拠点を定めて繰り返し行くことが望ましい」という助言をいただき、これまでの当たり前を見直しました。自然との豊

子どもの思いが輝きだす行事・環境・計画　17

かなかかわりが期待できる場所に繰り返し行くことで、子どもたちは安心して動き出します。それがとても大切だ、ということを学んだのです。

前頁の写真は、私たちが拠点と定めた場所です。いろいろな木が点在していて、少し開けた場所と、入り組んでいる場所があって、多様な遊びが期待できました。

繰り返し行くようになって間もなくのことです。子どもたちの探検ごっこが始まりました。木々の間を抜けて、不思議な実を見つけて帰ってきます。木の根元にウロがあると、そこを「森の宝箱」と読んで自分たちが見つけてきた実や石、枝などをしまっておく姿も出てきました。この場所が子どもたちの居場所になってきた、と感じる日々でした。

〈旬を逃さない〉とは…

「園外に出かける」うえで事前に計画を立てることは大切なことです。「どんぐり拾い」「落ち葉で遊ぶ」なども、あらかじめ年間予定に組み込み見通しをもって取り組んでいきます。これは基本なのですが、それだけではない。自然を相手にした取り組みでは、自然側の状況を把握することが必要になります。「大風が吹いたあとには、公園に行ったほうがいい」というアドバイスももらいました。強い風が吹いたあとには、木の実などがどっさり落ちているという情報をくださったのです。

アドバイス通りに出かけた時には、驚くほどの実を拾うことができて驚いたことを覚えています。夜通し吹いた強い風が、木々を揺らし木の実を落としていく景色を想像して、子どもたちと驚きながら拾い集めました。ただし、このような時は折れかかった枝が木にぶら下がっていることもあるので、注意したうえで、出掛けるようにしました。

実践を振り返って

「拠点を定めて繰り返し行く」「旬を逃さない」は、これまでの自分たちの当たり前とは大きく違っていました。そのことに驚きながらも、新しい視点

を得ることができたことにワクワクして取り組んだ実践は、とても楽しいものでした。いつもの環境や援助、活動内容を見直して新しいことにチャレンジし、体験を通して新しい意味を見出していくためには、今回のプロ・ナチュラリストの佐々木洋氏のような専門家の存在は欠かすことができない、ということも学んだことの一つでした。

5 さあ、ちょっと変えてみよう!

　いつも行っている行事や活動、環境の在り方などに疑問が生まれ、ちょっと変えたいと思う気持ちが芽生えたら「新しくなるチャンス」「変革の入り口」です。子どもが育つ保育を丹念に積み重ねながら、「これはちょっと違うかもしれない！」という違和感を抱くということは、とても大切な姿勢なのだと思います。今の保育がよくないから見直すということだけではなくて、もっとできることがあるのかもしれない、違う在り方だったら、違う何かが生まれるのかもしれない、という思いから「ちょっと変えてみる」、そんな姿勢が大切だと思います。

　自分たちのなかにある保育の理想と、自分たちが行っている保育の現実との間のずれに気づいたら、ちょっと固まってきちゃったかもと考えて、新しい風を入れてみるくらいの気楽な感じで動き出すのがいいように思います。ちょっと変えてみるためのコツを紹介します。

〈ちょっと変えてみるコツ〉
多方面からの情報をキャッチして気楽に活かし、一歩踏み出す

　何かを変えてみる時には、自分たちの取り組みを外側から見てアドバイスしたり、内部に入りともに動きながら具体的な提案をしてくれたりする助言者の存在がとても重要です。

　そのためには、日頃から、いろいろなことに興味や関心を寄せているといいと思います。すぐに実現に移さなくてもいいのです。「いつか」というポケットに、ワクワクするプランをいっぱい入れておきましょう。そして、ちょうどいい時が来たら、ポケットの中から「いつかやりたいと思っていたこと」を大事に取り出して、実現のために一歩踏み出します。新しいことに出会い、ワクワクする気持ちは子どもも大人も同じです。ワクワクと一歩踏み出して

ください。

新しいことを始めたら、しばらくゆっくり様子を見る

　何かが動き出すと、しばらくは混乱するものです。どうしようもなく混乱したら、早々に撤退してもいいのですが、それほどでもない混乱は次に進む一歩、と思って、しばらく様子を見てもらえたらいいなと思います。時々「やっぱりダメでした」「自園には向いていないようです」という声を聞くことがあります。「そうだったんだね」と思いつつ、もう少しだけ続けていたら何かが生まれてきたかもしれないのにな、と思ったりもしました。プランを考え実行するのは保育者ですが、そこで何事かを生み出していくのは、子どもたちなのです。子どもたちのことを信頼して、混乱したとしてもその状態を持ちこたえ、しばらく様子を見ることをお勧めします。

子どものいろいろな動きに驚きつつ、ゆっくりつきあう

　遊びや行事を作り出す主役は子どもたちです。子どもたちが動き出したら、保育者は、少し後ろに下がります。そして子どもたちのいろいろな動きをよく見て受け止めて楽しむようにします。

- 不思議だなあ、と感じることを子どもがしていたら、「おもしろい！」と言います。
- 頑固に自分の思いを主張し何かをやり始める子どもがいたら、「おおお！」と感心します。
- 子どもと自分の思いがぶつかり合い、思わず自分も意地をはりそうになったら、「私は大人！」と言い聞かせて、深呼吸をします。
- 子どもにかかわっていて「あれ、いつもこのパターンになっちゃうぞ」という悪循環に気づいたら、いったんその場を離れて、同僚にSOSし、選手交代します。
- 「今日しかない」「今なんとかしなくては、取り返しがつかない！」なんてことはほとんどありません。のんびりいきましょう。何かあったら、とりあえず、笑っちゃいます。

　こんな感じで、子どものそばにいると、何事かが始まっていきます。最後

に、私が最近見た、最高にすごい子どもたちのパフォーマンスを紹介します。5歳児クラスでは3学期に「表現遊び」を発表する会がありました。子どもたちにやりたいことを聞いたところ「書ガール」をやりたい、という声が上がりました。4人でグループを作り、布切れを使って着物を作り、書を書くときの音楽も自分たちで決めました。子どもたちの「やりたい」思いを応援する保育者の援助もちょうどよく、子どもらしいパワフルで愉快な書ガールになりました。素敵だと思いませんか？

「ちょっと変えてみる」ことから広がる、子どもたちの思いが広がる「行事・環境・計画」を、楽しみながら作っていきましょう。その実現のために、この本が役立てばいいなあ、と心から願っています。

2

子どもたちの姿を見ることから始まる保育

マリンタワー・氷川丸遠足の実践例から

芝崎恵子

1「ずれる」って何だろう

　30年前、私が保育者になったばかりの頃は、保育の計画と幼児の姿がずれるということは、「幼児理解が足りていないから」というようなマイナスな考えがあったように思います。小学校の授業研究などに参加すると、その考えはまだ根強く残っていて、子どもを理解していれば、または教材の研究をしっかりしていれば、ずれはどんどん小さくなっていき、それが望ましい形だとされている印象を受けます。それは正しい部分もあるでしょうが、保育の中でのずれは意味が違うのではないでしょうか。保育には正解やゴールがないからかもしれません。

　「子どもたちの姿を見る→計画をする→次の日の保育→ずれに気づく・反省→子どもたちの姿を見る」という循環はずっと繰り返されるもので、子どもたちの姿を見ることから始まると私は考えますが、その子どもたちの姿が成長していくと、自然とずれも生じていき、またそこに合わせることになり新たな循環が生み出されることになります。ずれが生じるのは当たり前のことなのではないでしょ

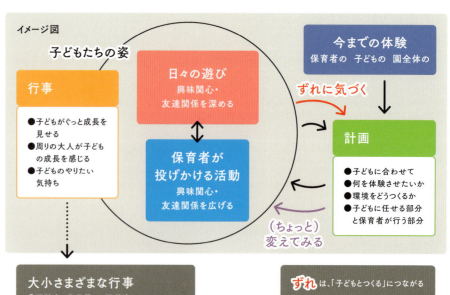

うか。そこから何をとらえるかが大切なポイントだと思います。ずれは子どもの成長に気づくチャンスであり、「保育を子どもと作っていく」ことにつながると私は考えました。

2 保育の実践例から考える

保育のなかで感じた「ずれ」について、私自身の実践例から考えてみたいと思います。

事例：遠足に行く場所って、どうやって決めている？
遠足の前に、子どもの話を聞いてみる（金港幼稚園）

(1) 研修で「なぜ、子どものことを子どもに聞かずに決めるの？」と問いかけられて、はた！と立ち止まる

私の勤める幼稚園では、毎年6月中旬頃に年長児だけの遠足があります。

- みんなで公共の乗り物（電車）に乗っていく
- 自分たちの住んでいる街を知る

ということを目的にしており、その年は最寄り駅から乗り換えせずに行ける横浜港のマリンタワーと、貨客船として活躍していた氷川丸に行くことを計画しました。4月末には下見に行き、あとは好天を待つだけという遠足1週間ほど前、ある研修に参加した際に「なぜ、子どものことを子どもに聞かずに決めるのか」という問いかけがありました。

そのときに「あれ、私も遠足のこと、子どもたちに聞かずに連れていこうとしているな」と気づかされました。手紙は配っているので、遠足があることは知っており、行き先についてもわかっている子がいるのは日々の会話から感じていましたが、それは**こちらからの一方的な情報だということに気づ**いたのです。

❶子どもたちに遠足についての「知りたいこと」「わからないこと」を聞いてみる

次の日、担任の先生たちと相談して、年長の子どもたちに遠足について

「知りたいこと」「わからないこと」について、とにかく聞いてみることにしました。模造紙2枚にそれぞれ『まりんたわー』『ひかわまる』と子どもたちの前で書き、子どもたちから出たことを色の紙に保育者が代筆という形で書いて貼っていきました。大人からはできるだけ答えは出さないということを前もって打ち合わせていました。

　子どもたちからは、はじめはポツポツと、次第にどんどん言葉が出てきました。「幼稚園からどうやって行くの？」からはじまり、マリンタワーについては「何階までのぼる？」「どのぐらい高い？」「東京タワーとどっちが高い？」「海が見えるかな」「いつできた？」「何色？」と、私たちが予想していたものに近い疑問がたくさん出てきました。高いタワーということで「みんなでのぼったらこわれないかな、何でできているの？」と不安気な子どももいました。

　一方で「ひかわまる」については、船だということは伝えたのですが、「『まる』ってついているから丸い形かな」「かわの船かな」「ひ・か・るっていう字が入っているから光るんじゃないかな？」、乗り物好きな子どもからは「ハンドルはあるのかな」という言葉もありましたが、氷川丸という名称からの連想ゲームのようになっていきました。

❷子どもたちの声を聞いて、保育者の考えと子どもたちの気持ちが「ずれ」ていたことに気づかされる

　よくわからないところに連れていこうとしていたことに気づかされ、**保育者の考えと子どもたちの気持ちが合っていなかった**のではと焦りのようなものも感じました。それぞれの知りたいことを出し合って、「もし家でも調べられたらわかったことを伝え合おう」ということを伝え、20分ほどでこの日の話は終わりました。

遠足の話をしてみよう

　保育後、子どもたちの様子が職員室で話題になりました。まだ話し合いがぎこちないながらも、真剣に疑問を出し合う様子、遠足を楽しみにしているけれど自分事ではなかったことなどを話し合いました。今日の時間をもてたことに「よかった」というのが共通の思いでした。

ひかわまるって何だろう

（2）遠足へ行くまでに取り組んだこと

❶次の日、再び遠足について語り合うと…

　次の日、再び遠足に向けての時間をとると、「わかったことがある」とみんなの前でいうRくん。実は休みの間にマリンタワーのそばを車で通りがかったそうです。

　「白い色だったよ」「氷川丸も近い所にある」と見た時の様子を伝えてくれました。他にもBくんとCくんが家で遊んだ時に一緒に調べたことを話したり、家族に教えてもらったことを新たに書いて、模造紙の情報を増やしていきました。

　マリンタワーについては「東京タワーのほうが大きい」「東京タワーのほうが先にできたんだって」「エレベーターと階段があるってホームページにかいてあったよ」などが挙がりました。また、「地震が来ても壊れないようになっているから、みんなで登っても大丈夫」と、心配していた友達のために調べてきた子もいました。「写真でみたらこんな形だった」と体で表現する姿もありました。**下見の時、エレベーターが30階までだったので、保育者は30階建てだと思っていましたが、子どもたちが調べた結果、実は33階建てだということも知りました。**

マリンタワーについて知りたいこと

　氷川丸については、どうやら丸い形ではないということがわかり、そこから「どのぐらいの大きさなのかな、幼稚園よりも大きい？」「動くのかな？」「もしかして、沈没船？」など、より**「わからないこと・知りたいこと」**が増えていく様子でした。そこで、担任が「先生も調べてきたよ」と「氷川丸は長さが163メートルあるんだって」と伝えました。「163メートルってどれくらい？」ということで、この日の話は終わりました。

❷子どもの心が動き、家庭でも話題が広がっていく

　話し合いの様子がおもしろかったので、幼稚園のインスタグラムに写真と簡単な説明を載せました。すると、家庭でも話題になったようで、Nくんはお父さんと氷川丸の横幅の長さ（20.12メートル）を紐で作ってきたとみんなの前で発表しました。その紐の長さは、保育室の中では足りず、廊下に出てやっと全部伸ばすことができ、大きさを実感。「紫組のみんなで手をつないだ

マリンタワーはこんな形

子どもの思いが輝きだす行事・環境・計画　25

らどっちが長いかな？」とみんなで紐に沿って手をつなぐと少し届かず、先生たちも入ってちょうど同じぐらいの長さだということがわかりました。
「本当に幼稚園が全部入っちゃうぐらいの船なんだ…」とつぶやく声も聞かれました。

紐の長さは氷川丸の横幅

みんなで手をつないでも紐の長さに足りない

　電車が好きなSくんは、乗車駅である妙蓮寺駅から降車駅の元町中華街駅までの駅名を先生と一緒に書き、「妙蓮寺から横浜までは東急東横線。横浜から元町中華街まではみなとみらい線だけど、乗り入れているから乗り換えはない」と教えてくれ、みんなで10駅乗ることが共通理解できました。

❸遠足の前日に、保育者が足した情報

　遠足の前日に保育者が足したのは、氷川丸は横浜からハワイを通ってアメリカのシアトルというところまで行っていた船で、今は飛行機で10時間ぐらいで着くけれど、氷川丸は20日かかっていた、ということでした。「20日も！おもちゃいっぱい持っていかないと」「ごはんも食べないとだね」と船旅を想像するような会話もありました。地球儀でハワイやシアトルを探す子どもたちもいました。

横浜やシアトルを探す

　「氷川丸にハンドルはあるのか」「マリンタワーから本当に海が見えるのか」ということについては、明日行って確かめようということになりました。好きな遊びのなかでは、自分でマリンタワーの設計図を書いて模型作りもはじまっていました。

マリンタワーを箱でつくってみた

(3) いよいよ遠足当日

　そして、いよいよ6月20日（火）遠足の当日です。電車の中で気をつけることを確認し、自動改札を通り、乗車。運転手さんのすぐ後ろの場所に立つと目の前に続く線路を見て興奮気味の子どもたち。でも、声は小さめで周りの人のことも考えているようでした。「あと5駅」と駅の数を数えている子もいました。

❶マリンタワーに大興奮

　降車駅である元町中華街駅で地上にでると、そこにはもうマリンタワーの上の部分が見えており「みんな、あった！あったよ！マリンタワー」「本当だ。大きいね！」「本当に白い」「あみあみの壁だった」「エレベーターが動いているのが見える」と口々に報告が始まり、足元を見ていられず、とりあえず立ち止まって全員でマリンタワーを見上げました。先に氷川丸に行く予定だったので、まずは入口前を通り過ぎ、山下公園へと入りました。

❷氷川丸が見えてきた

　海の方向へ少し歩くと氷川丸が見えてきました。まずは外観を確認するように船のほうに走り寄っていきました。単に「大きい船」としてとらえていた昨年までの年長児とは見る場所も異なり、具体的で、「やっぱり黒かった」「旗があるよ」「どこから乗るの？」などとじっくりと見ていたように思います。また、タラップを上がり船に乗り込むときには「これ、本当にアメリカに行かないよね？　今日、帰れるよね？」と不安な気持ちをもつ子もいました。受付を通り最初に見た部屋が、船旅の間子どもが遊ぶための「一等児童室」。遊ぶための部屋があることに嬉しそうな表情。その後のホテルのような船室や食堂にも興味津々でした。長旅の間には運動会のような催しもあったことを知り、「幼稚園と同じ」と親近感ももったようです。

これが氷川丸か…。やっぱり大きいね

階段を上った先の操舵室では念願の「ハンドル」らしきものを見つけ、「舵輪」という名前も知りました。また、氷川丸の名前の由来である氷川神社の神棚を見つけたのも子どもたちでした。

模型にも興味津々

　今回は新型コロナウイルス感染症の影響で見学が制限されていた場所も多かったのですが、事前に調べていたので興味をもって船内を巡ることができました。船が動く仕組みなどは、今後成長してから見る機会をもてたら、より興味を抱くのではないかと感じました。出口付近にあった船の模型に関心を示していたのも、これまでの年長児ではあまり見られなかった姿でした。

❸ **いよいよマリンタワーに登る！**

　昼食後はいよいよマリンタワーです。事前に調べていた1階のチケット売り場でチケットを入手し、2階からガラス張りのエレベーターに乗り30階へ。「わあー、外が見える」と喜ぶ子もいれば、ちょっと緊張気味な子も。エレベーターのドアが開いたときは景色に歓声があがりました。

　29階の展望台は一周回れるようになっているので、まずはみんなで回り「車がおもちゃみたいに見えるよ」「下に人が歩いてる」「あそこは工事しているね」など見えるものについてそれぞれ話をしていました。「僕の家見えるかな？」「幼稚園はどっちのほう？」など身近なものを探している子どもたちが多くいました（残念ながら見えるほど近くはなかったので、幼稚園の方向にある新横浜のプリンスホテルを一緒に見つけました）。

あの上に登るんだね

　階段を上がり30階の展望台ではグループごとに分かれ、下見のときにマリンタワーから撮っておいた12枚の写真を見て、それを見つけるという「ゲーム」をしました。さっきまでいた氷川丸を見つけて盛り上がり、横浜のいろいろな建物を写真と本物を見比べて確認するように見つけていきました。「マリンタワーから海は見えるのかな」という、事前に挙がっていた「知りたいこと」も解決し、先生から「山下公園は100年前にあった関東大震災という地震のあと、崩れてしまった家などを埋めた跡にできた公園」だという話も聞きました。横浜の子どもは

ボクの家はどこかな

氷川丸発見！

「はまっこ」と言われますが、みんなも「はまっこ」だねと聞くとちょっと照れたような表情をみせていました。

（4）遠足翌日

　遠足の次の日、朝から制作コーナーで色鉛筆を使って絵を描いていたDくん。マリンタワーと氷川丸はもちろんですが、駅から歩いている自分たちや、マリンタワーから見えた「フランス山」と言われる山も描かれていました。

　また、後日「家で作った」とEくんはラップの芯とカップなどの廃材で作ったマリンタワーを作ってきました。入口や網のようになっている外観や展望台も作っていましたが、上からのぞくと階段も作っていることがわかります。Eくんはその後、氷川丸も作って見せてくれました。

　遠足から帰ってきて、わからないことや知りたいことを貼っていた模造紙に、行ってみてわかったことを足していきました。先生たちについて

遊びのなかで遠足での経験をそれぞれに表現

家でマリンタワーをつくってきたよ

上から見ると…

子どもの思いが輝きだす行事・環境・計画　29

いくだけの遠足ではなく、自分たちで考え、疑問をもち、事前に調べ、実際に行って確かめることで自分たちのこととして主体的にかかわることができました。もう少し早くから取り組めばよりよかったかとも思いますが、熱の冷めないうちに行くことができたと考えることもできるので、今後に活かしていきたいと思います。子どもたちも先生もみんなで調べることのおもしろさ、具体的な目的をもって行くことの熱量などを実感しました。

わかったことを足していこう

3 実践を振り返って考えたこと、その後

　遠足というのは、日々の保育のなかでちょっと特別な楽しみでもあり、子どもたちにとっては共通の経験をする大切な機会です。年間の計画を立てるときも早めに日程を決め、予約など大人側の準備や安全面の配慮が必要になることから、いつも通りとなりがちな行事かもしれません。今回の事例も、子どもたちが行った先でどのような経験ができるか、時間や安全面は大丈夫かという話から検討が始まったという記憶があります。もちろん安全面などを抜きにして話はできないのですが、研修で「子どものことは子どもに聞く」という話を聞いたとき、子どもの気持ちを置いてきぼりにしていなかったかと気づかされました。ある子どもが氷川丸のことを「ひかるまる」と言っていたときは、イメージの違いに体温が下がるような気持ちでした。「ずれ」ってこういうことかとも思いました。

　もともと、この遠足は地元を知ってほしいという願いから長く続いている行事です。事前の話し合いの時間がなかったとしても、それまでと同じように、おそらく遠足は楽しく、「氷川丸は大きい船。知ってるよ」となり、場合によっては絵を描いたりしただろうと思います。

　しかし、今回、遠足前の一週間があったことで、この体験が子どもたちの視点から見たものとなり、子どもたちなりの「探求」をするきっかけになっていきました。疑問をもち、自分たちで調べ、話し合い、さらにそこに少しの大人（保育者や保護者）の視点や、知っておいてほしいことを入れることで、遠足に対する期待も具体的に高まり、実際に見たものが調べてきたことと結びついていきます。「知りたい」「やっぱりそうだった」「思っていたのとちょ

っと違う」と感じながら見ていくのは、先生の後ろをついて進んでいくだけでは得られないものを子どもたちのなかに生み出したようです。

　実は、この体験は遊びのなかや別の行事でも続きました。遠足に行ったのは6月でしたが、9月に「見て、できたよ」と廃材でジオラマのような氷川丸・マリンタワーができあがり、運動会の入場門には貼り絵で、やっぱり氷川丸とマリンタワーが登場しました。

4 ずれに気づくことから始まるワクワクがある

　今回、この遠足の実践例からは保育者の思いと実際の子どもの姿のずれを感じていただけたかと思います。反省することも多い実践ですが、このずれに気づいたことで遠足がより楽しく、子どもたちの主体性を引き出すこともできたと感じています。

　改めて、「ずれのない保育はどんな保育？」と想像してみてください。そこにいる子どもたちはどんな表情をしているでしょう。ずれのない保育が先生の思った通りの保育、園のやってきたこと通りの保育ということになるとしたら、それはそれで面白味がなく、あまりワクワクしません。子どもたちが何かを思いついたときの表情や、保育者の思いもかけないようなことをして驚かせてくれることは、保育という仕事のやりがいにもつながっていくと私は考えます。ずれにもいろいろあるのはこのあとに出てくる事例を読んでいただくとおわかりいただけると思いますが、ずれに気づき変化させていくからこそ、保育のおもしろさや、子どもと作り上げていく楽しさがあると改めて気づかされました。

　一方で、行事や計画はそれまでの園の歴史もあり、変えるにはなかなか大変な部分もあります。まずは「ちょっと」変えてみることから始めてみませんか。

みんなで行けて楽しかったな

子どもの思いが輝きだす行事・環境・計画　31

生き生きとした保育を生み出す
余白と柔軟性

田島大輔

1 行事や環境、計画を子どもも大人も、
皆で考え合う循環の大切さ

　前節で芝崎先生の示したイメージ図（22ページ）は、保育や教育の場で、環境と計画がどのように関連し合い、行事や日々の活動に影響を与えているかが図解され、図の中央には日々の遊びと、保育者が意図的にかかわる活動を基盤としたサイクルが描かれています。その図からは、計画や行事が密接にかかわり合い、子どもたちの学びに寄与していることがわかります。また、過去の経験や体験を通した学びが、新たな計画や行事につながり、それが再び日々の遊びや活動にフィードバックされる循環が示されています。しかし、計画や環境、ましてや行事等と言われると、私自身はなんだか、「こうしなければ」というようなものにとらわれている自分がいました。そのことから自分を解き放つことが感じられた事例を紹介したいと思います。

エピソード
「クリスマスツリーを飾る意味って何？」から始まったポスト作り

　私が5歳児クラスを担任したときの話です。12月になり、クリスマス会に向けてクリスマスツリーを飾ることになりました。ツリー以外にもいろいろな飾りがあるので、皆で飾りながら、少しずつクリスマス会等に向けて気持ちが高まっていくように計画していました。

　皆に見える場所に飾ろうと、玄関ホールで飾りを出して作業を始めると、たくさんのアイテムがあるので、子どもたち自らグループを作り始め、モールなどの巻く飾り、小さい飾り、大きな飾りとそれぞれ役割を分担していきました。そのときです。飾りを飾ろうとしているMちゃんがこう言いました。「ねえ、そういえばなんでクリスマスが

近くなるとツリーを飾るの？」と疑問を投げかけたのです。正直、私は明確な答えをもっておらず…困ったなと思っていると、近くで小さい飾りを飾っていたKちゃんが「Mちゃん知らないの？　ツリーってね、ここには子どもたちがいますよっていうやつ（目印みたいな物）なんだよ、だからね子どものいるところには飾るの」というのです。Mちゃんは「なるほど、そういうことなのね」と納得した様子でした。もちろんこれがすべての答えではないのでしょうが、私は明確な答えをもっていなかったこともあり、安堵していました。

　飾り付けもそろそろ終わりに近づいた頃、Mちゃんは私に「これどこに飾ったらいいかな」と聞くので振り向くと、何故か郵便ポストを持っていたのです。「えっ？　これどうしたの」と聞くと、Mちゃんは「だって子どものいる場所の目印ならば、サンタクロースも見に来れるよね、だからやりとり出来るようにポストを立てて手紙とかでさ、やりとりしたらよいかなと思って作ったんだ」と言うのです。ポストの支柱には「さんたくろーすさんこちら→」と書かれいていました。

　私は正直驚きました。Kちゃんの発言を受け、Mちゃんは自分なりに考えてポストを作ってきたのですから。そして私は、子どもたちと一緒に飾り付けをしていたので、全く気づきもしなかったのです。ポストをクリスマスツリーの飾りのどこに置こうかとMちゃん・Kちゃんを中心に何人かで話していると、Aくんたちも疑問に思い、「何だコレ!?　えっ、クリスマスツリーをサンタも見にくるの？」と言い、保育室に戻って数人で手に何やら抱えて持ってきました。「これさあ、すごい作品だからぼくたちにとってサンタクロースにぜひ見せたいものなんだよね、一番よく見えるところに飾ってほしいんだよな」と言って、かまぼこの板で作った作品をツリーの下に飾り始めました。

　クリスマスツリーの横には郵便ポスト、そして下にはかまぼこ板の作品。大人には、なぜ置いてあるのか、なかなか理解しにくいものではありますが、子どもたちなりのサンタとの交流を楽しみにしていると考えて置きました。

2 余白と柔軟性の大切さへの気づき

　このエピソードを振り返り、自分がMちゃんのポスト作りに気づいていな

くてよかった、と思いました。気づいていたら、飾って楽しみにしようとする気持ちにもかかわらず、クリスマスツリーとはあまり関係のないポスト作りを止めてしまっていたかもしれないと思ったからです。ここで私自身の気づきとして大切だと思ったことは、計画通りに進めていくのではなく、活動の余白であり柔軟性です。先のエピソードでは、そのことをわかりつつ行っていたわけではなく、"見ていなかった（見逃していた）"だけなのですが、ポスト作りやかまぼこ板の作品等、計画を計画通り進めるということではなく、変更できる余白と柔軟性があることで、子どもたち自身がいろいろと考えることができたのだということを感じました。このできごとをきっかけに、「こうしなければ」というようなものにとらわれていた自分の枠が広がり、少しずつ解き放たれてきた気がします。

3 行事、環境、計画とはなんだろう

　保育者は日々の保育を行い、その実践の振り返りを基に、計画を立て、それを実行しています。そして実践のなかの体験や経験を生み出していく基になるのが環境です。それでは、行事や計画、環境とはどのようなものなのでしょうか。もう一度簡単に整理してみたいと思います。

(1) 行事は何のために行うの

　まず、行事について考えていきたいと思います。行事は、計画と環境が一体となって生み出される、特別な学びと成長の場になります。行事で大切になるのは、日常のなかの活動に変化や潤いを与えるものとされています(幼保連携型認定こども園教育・保育要領)。成果を発表する側面があることを否定はしませんが、そのことが日常とどう結び合わせられているのかが大事になってくると思います。同時に新たな挑戦を経験する場でもあり、子どもたちが自らの成長を実感し、達成感を味わう重要な機会にもなります。つまり、行事は学びのサイクルを促進する役割を果たします。行事を通じて得た体験や経験、おもしろかったという思いは、当然振り返りたくなります。そして振り返ってみることにより、子どもたちにとっても、保育者や大人にとっても、次の活動や目標とつながり、子どもたちの成長を支えていくことにつながります。さらに、行事は保護者や地域との交流の場でもあり、子どもを取り巻くコミ

ュニティ全体が子どもたちの学びを支えるための重要な機会ともなります。

(2) 子どものやってみたいが生み出され支える環境とは…

次に環境についてです。環境とは、子どもを取り巻くすべてのものが環境ではあります。

参考として、保育所保育指針を見てみましょう。

> **保育所保育指針**（「第1章 総則／1 保育所保育に関する基本原則」より）
> （4）保育の環境
> 　保育の環境には、保育士等や子どもなどの人的環境、施設や遊具などの物的環境、更には自然や社会の事象などがある。保育所は、こうした人、物、場などの環境が相互に関連し合い、子どもの生活が豊かなものとなるよう、次の事項に留意しつつ、計画的に環境を構成し、工夫して保育しなければならない。
> ア　子ども自らが環境に関わり、自発的に活動し、さまざまな経験を積んでいくことができるよう配慮すること。
> 　　　　　　　　　　　　　　　　　　　　　　　　　　（下線筆者）

このように、ここでいう環境は、子どもたちにとっては学びが自然に促される空間や場のことで、物理的な構造や場だけでなく、人（友達や保育者）、そこに流れる雰囲気やかかわり、そして文化的背景までも含んだ広義の意味をもっているといえます。理想的な環境は、子どもたちが安心して自由に活動できる基盤であり、同時に好奇心を刺激する要素を備えている必要があるのではないでしょうか。環境においては、子どもたちが自らの興味に従って探索できるようなレイアウトや道具の配置が求められます。視覚的に魅力的で手に取りやすい教材や、子どもたちの発達段階に合わせた遊具が整っていると、彼らは自然と学びに引き込まれます。また、空間が開放的で柔軟に使える場があると、子どもたちが自分たちで遊び方や活動を工夫し、創造性が育まれます。また、人的にも環境が重要です。保育者や教育者が信頼と安心感をもたらす関係を築くことで、子どもたちは自分の考えや感情を率直に表現できるようになります。

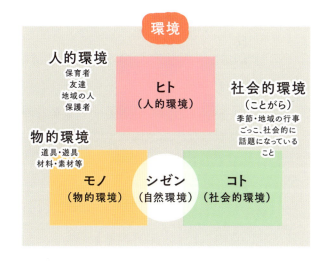

保育所保育指針解説（以下、指針解説）にもこのような記述があります。

> **保育所保育指針解説**（「第1章 総則／3 保育の計画及び評価」より）
> 　保育は子どもと保育士等をはじめとする多様な環境との相互的なかかわり合いによって展開されていくものである。このことを踏まえ、子どももまた保育をつくり出していく存在であることを認識することが重要である。
> （下線筆者）

　この指針解説では、環境としての子ども・大人の相互の関連を示しています。サポートや支えられる存在を感じる環境では、子どもたちは自信をもって他者と協力したり、自ら行動したりする場面が増えるでしょう。保育者が対話をするモデルとして保育をすることにより、子どもたちは対話をすることが「より遊びをおもしろくする」ことにつながると学ぶでしょう。さらには、大人は自分たちを人として認めてくれていることを実感し、保育者は、保育は子どもが主体であることもあらためて実感できるのではないでしょうか。こうした「環境」が整うことで、計画された活動がより豊かに展開され、子どもたちの育ちを支える土台が築かれていくのです。

（3）子どもの興味・関心から始まる計画

　次に計画について考えていきます。計画は、保育や教育の現場での活動が有意義に体系的に進むための設計図ともいえます。ここでの計画とは、単なるスケジュール作成ではなく、子どもたちがどのような経験や体験を積み重ね、成長を遂げるかを見据えて意図的に組み立てられたプロセスといえます。計画といっても、日々の活動内容、年間を通じた教育目標、さらには個別の子どもに対するものなどさまざま計画が存在します。計画を立てるときに、保育者は子どもの姿から子どもがどのような興味・関心があるかをまず探ります。そのうえで、それを基に子どもの育つ姿として願いをもち、そしてバランスを保ちながら、興味・関心と願いを達成していく手立てや内容を考えていきます。その際、私たちは、ついついどのようにして願いを達成するのかということを思うがあまり、最短ルートを模索してしまいがちです。

　最短ルートを模索していると、計画に縛られてしまうことがしばし起こります。そのことを私自身何度も経験しました。しかし、保育における計画は、

もちろん立案することや予測することは大事ですが、より子どもの姿に応じた柔軟性も求められます。保育所保育指針解説の計画に関するところでもこのような記述があります。

> **保育所保育指針解説**（「第1章 総則／3 保育の計画及び評価」より）
> 　子どもの発達や生活の連続性に配慮し、在籍期間を通じた育ちの見通しをもって、<u>日々の生活における子どもの実態を捉える視点をもつことが重要である</u>。その上で、子どもに計画通り「させる」保育ではなく、その時々の子どもの状況や遊びの展開に応じて環境を適宜変えていくなど、保育士等の適切な判断の下、<u>保育が柔軟に行われることが求められる</u>。
> 　　　　　　　　　　　　　　　　　　　　　　　　　　（下線筆者）

つまり、日々の生活のなかで起こる予測不可能な変化や、子どもたちの姿に伴う興味の変化に対して、計画は流動的である必要があると思います。固定的な計画ではなく、状況に応じて適切に変更できる計画こそが、より子どもの興味・関心と保育者の育ってほしい願いがあるものになるのではないでしょうか。また、計画には、子どもたち自身が自ら主体的にかかわって、変化させていくことで、学びに対する意欲が高まり、責任感や自主性が育まれ、子どもたちは自己肯定感や次なるチャレンジに向けた意欲を高めることにもつながるのです。

4　子どものやりたい、やってみたいという気持ちが大切にされている

　上記の指針解説を踏まえ、前節の芝崎先生の事例（23～30ページ）を基に、計画・環境・行事について考えてみたいと思います。
　前節の遠足の事例では、まず活動の計画を立てる際、子どもたちの意見を聞くプロセスの大切さが強調されています。遠足の目的地を決めて、着々と準備を整えているけれど、子どもの話を聞いていなかった、ということに気づいたところがポイントです。そこで、子どもたちに問いかけてみることが大きなきっかけになっています。「氷川丸」という貨客船を見に行くことについて「『まる』ってついているから丸い形かな」という子どもの声を聞いた

ことで、「よくわからないところに連れていこうとしていた」と気づかされて、遠足に関するイメージや認識のずれ、つまり計画・行事・環境に潜む子どもと大人のずれがくっきりと見えたのでした。

　遠足は、子どもたちにとって楽しみであり、特別な体験となる活動ですが、事例のようにイメージや認識のずれに気づかず、ついつい場所や目的を一方的に決めてしまいがちです。しかし、事前に子どもたちの声に耳を傾けることにより、興味や関心を取り入れた計画が立案されます。保育者が遠足の計画を一方的に決めるのではなく、問いかけることで、子どもたちはいろいろと考え、話し出します。そしてそれをきちんと聞いてもらえたという思いをもつと、さらにいろいろなことを話し始めます。印象的なのは、休みの間に遠足の行き先の一つであるマリンタワーの近くを通り、いろいろな情報を仕入れてクラスの子どもたちに伝える子どもまで出てきたことです。保育者が子どもたちに問いかけたことで、子どもたちの興味や関心が拡がり、「わからないこと」「知りたいこと」が増えてきたのです。

　また、遠足をめぐる語り合いの一部始終を、園のインスタグラムに写真と簡単な説明を載せて紹介しています。話し合いを行い、そのことが家庭でも話題になったこともあり、子どもたちの関心事である遠足が家庭にもつながっていきます。子どもたちの「知りたい！」がどんどんと拡がっていき、Nくんは「お父さんと氷川丸の横幅の長さ（20.12メートル）を紐で作ってきた」ということで、その紐を伸ばしてみると保育室から廊下に出ると全部伸ばすことができ、大きさを実感します。また、園からの鉄道のルートを調べたり、模型を作ったり、付箋で子どもの声を紙に書いたりしたことは、さまざまなことがつながって広がっていた証です。

　このように、子どもたちの意見も反映させて、子どもの興味や関心と大人の願いの両面から生み出されている計画・行事になってきたのです。子どもたちの主体性を尊重し、子どもたちが積極的に計画に関与することにより、遠足が「行く行事」から、自分達が参画し、いろいろな環境の刺激を受け、学びにつながり、こうしてみたいという意欲も引き出されるものになったのです。

　計画のプロセスに子どもたちが関与することで、子どもたちは「自分の考えが尊重された」と感じ、自己肯定感を育み、マリンタワーや氷川丸について語り合う時間のなかで、子どもたちはそれぞれのアプローチで関心を広げ、遠足の日を楽しみにしていたのです。事例でも出てきた対話や話し合いは、

コミュニケーション能力や協調性を育むことにもつながります。保育者や子ども同士の対話を通じて、自分の考えを言葉にし、他者の意見を聞いて共感する経験は、社会性を育む機会にもなります。

　遠足当日は当然たくさんのことを楽しんでいる様子がありました。それはもちろん事前にたくさん考え、いろいろな取り組みを経験していたからこそであるのは言うまでもありません。そして、遠足の次の日の話です。この取り組みは、遠足へ行って終わりではありませんでした。遠足の体験を再現して遊ぶという姿から、「マリンタワー」や「氷川丸」も出てきます。子どもたちが夢中になった思いは、一人ひとりの心の中に深く残り、遊びや生活の中でつながっていくということが見てとれます。

5　子どもと考え合う皆が主体になる　　行事・環境・計画

　前節の遠足の事例について詳しく考えてきましたが、大事なポイントは子どもの声を聞くこと、一緒に問いを立て考えていくこと、さまざまな環境を活用しつながっていくこと、そして私たち保育者に柔軟性があることでしょう。また、子どもたちの意見や希望を反映することが理想的ではあるものの、実際には安全面等も含めた制約が存在します。そのため、私たち保育者はこれらの制約を考慮しながらも、計画の中心に子どもたちの関心や希望を据えることで、子どもは積極的に活動に参加し、結果として充実した学びの経験を得ることができます。まさに、計画のプロセスそのものが学びの機会となっていくことが見られました。行事は単なる特別なイベントではなく、行事を通じて得られる新たな発見や体験が、日常の学びと連動し、さらに深い理解や興味を育みます。加えて、保育の現場における環境の整備は、子どもたちが安心して活動できる基盤を提供し、子どもが自分なりの学びに取り組むことを可能にします。保育者や保護者と共に考え合うことで、子どもたちの主体性が育まれ、持続的な学びが実現されるのです。

　このあとの第2章では、さらに多種多様な事例が展開されています。行事や計画、環境について考えることを窓口にして、子どもたちが主体的にかかわることになった実際の事例から、自分（自園）の保育を考える機会にしていただければと思っています。

第2章

「ずれ」に気づくことで
行事・環境・計画が
新しく生まれ変わった
14の取り組み

| 事例1 | 上飯田幼稚園（神奈川県横浜市） | 5歳児／4〜7月 |

どんなお泊まり保育にする？
お泊まり保育の夜ご飯を子どもたちと決めてみた！

> 毎年年長児が夏休み前に行っているお泊まり保育。子どもたちと一緒に考えてつくりあげるお泊まり保育にしたいという気持ちから、どんなことができるのかを考えたとき、「例年作っていた夜ご飯のメニュー、いつもカレーじゃなきゃだめなの？」という問いが生まれたことがこの事例の始まりです。

1　お泊まり保育、子どもたちと一緒に作ってみたいな

　上飯田幼稚園では毎年7月下旬に年長児だけのお泊まり保育を行っています。例年、子どもたちは夜ご飯にカレーをみんなで作り、担任がやりたいと思ったお楽しみを1つ行っていました。

　進級して間もない子どもたちはお泊まり保育を楽しみにしている姿が見られ、その姿を見た担任である私は、子どもたちと一緒に考えて作るお泊まり保育はもっと楽しいのではないかと考えました。

　年長児とはいえ、初めてのお泊まり保育。子どもたちが見通しをもてるようにと考え、どのようなお泊まり保育にしたらいいかを考えられるよう、4月中旬に保育室にお泊まり保育の1日の流れを書いた紙を掲示してみました。

2　「ねえ、ねえ、お泊まり保育のごはん、どうする？」

（1）夜ごはんは自分たちで作るらしいよ！

　子どもたちがお泊まり保育の流れを大まかに理解してきた5月初旬。サークルタイムの中で、「夜ご飯も朝ごはんも幼稚園で食べるんだって！」と伝えると、子どもたちから「給食室のご飯を食べ

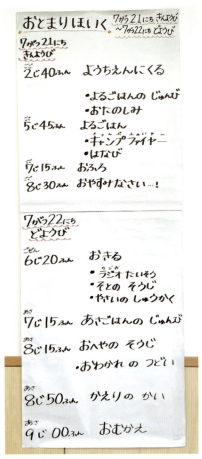

お泊まり保育の流れを掲示しました

んでしょ？」という声が。「給食室は夏休みだからお休みみたいだよ」と伝えると、子どもたちの目が点。「お母さんたちはお家にいるから先生たちが作ってくれるの？」と聞かれ、「今までの年長さんたちは自分たちで夜ご飯作って食べたみたいだよ」と伝えると子どもたちの目はさらに点になりました。

　私は例年カレー作りをしていることは子どもたちにあえて伝えませんでした。理由として、自分たちで食べたいものを作りたいという考えももちろんありましたが、職員の中でカレーが苦手な人がいたのです。子どもはもちろん、職員も苦手なものをあえて作って食べるのはどうなのだろうかと考え、子どもたちには「みんなで作るごはん、どうする？」と聞いてみました。すると、子どもたちからは「ぎょうざ！」「ラーメン！」「カレー！」「おそば！」「うどん！」などたくさん意見が出てきました。

（2）たくさん食べたいものが出てきたけど、どうやって決める？

　子どもたちから出てきた夜ご飯の候補は12種類。この中からどのように絞るのかを子どもたちと話し合いました。「夜ご飯、1つだけにする？」と聞くと、「1つがいい！」という子もいれば、「いろんなものが食べたいな」という子もいました。

　1種類にするのか、何種類か選ぶのか。どのように選ぶのかで私も子どもたちも悩んでいると、1人の女の子から、「この前ビュッフェに行ったんだけど、その時にはいろんなご飯がいっぱいあって自分で選んで食べたの。そんなふうにしてみるのはどうかな？」という意見が出てきました。

　初めは"ビュッフェ"というものがわからなかった子も、行ったことのある子たちにどんなものなのかを教えてもらい、クラス全体で"ビュッフェ"というものがどのようなものなのか共通認識を得ることができ、夜ご飯はビュッフェスタイルで食べよう！ということになりました。

（3）12種類の中からどうやって決める？？

　ビュッフェスタイルに決まったものの、この中からメニューをどのように決めるのかを子どもたちと話し合いました。

　何個に絞るのかと、子どもたちに問いかけると、「3つか4つかなぁ？」「4つだったら少し苦手なものが入っていてもお腹がいっぱいになりそう！」という意見が出て4種類に絞ることになりました。

「どう決めようか？」と聞くと、『ばら組（年中児）のときに何か決めるときにはシールで貼って決めていたからそれで決めたら？』『ちょっと選ぶ数が多くて決められなさそうだから1人1つじゃなくて、2つくらい貼ったらよいと思う』という今までの経験を生かした意見が出てきました。

画用紙に、夜ご飯を書き出し、自分が食べたいもの2つ決めたらシールを貼ることにしました。

お泊まり保育で一緒に過ごしてくれる先生たちにも、一緒に食べるからと、何が食べたいのかを子どもたちが聞きに行きました。

投票の途中経過

先生たちにも投票してもらいました

（4）ついに何を食べるのか決定！

6月中旬に子どもたちの食べたいものも決まり、シールが貼られ集計結果が出ました。

12種類の中から選ばれたのは、「そうめん／ラーメン／ぎょうざ／オムライス」の4種類です。炭水化物多めな偏った食事にはなりましたが、子どもたちが決めたことを大切にして、このメニューで作ることにしました。

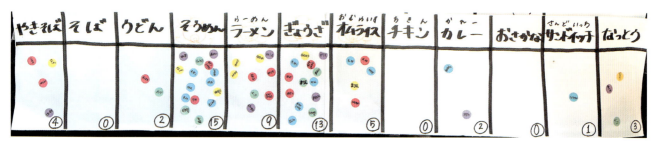

みんなが投票した夜ご飯の結果

3 作り方、わからない！

（1）お家の人にも聞いてみよう！〜保護者も巻き込んで〜

何を食べるのかが決まったものの、作り方を知っているのか子どもたちに聞いてみると、知っている子もいれば知らない子もいました。

「みんなのお家のオムライスやぎょうざには何が入っているのか、お家の人に聞いてみてね」と伝えました。翌日、子どもたちから『オムライスには

ピーマンと玉ねぎが入っているよ！』『私のお家のオムライスにはにんじんも入っているよ！』とたくさんの情報が寄せられました。

　材料は出そろったものの、作り方わからないね…という気づきが。「ママがいつも作ってくれるオムライス美味しいから、どうやって作っているのか聞いてみるね！」「私はぎょうざの作り方を聞いてみる！」と、子どもたちが自分たちで作り方を調べたり、聞いてきたりという姿が多くみられるようになりました。

　同時にドキュメンテーションで保護者の方に発信することで、一緒に考え、紙に書いて持ってくる子どもの姿が増えました。そして、聞いてきた作り方を模造紙に書き出し、クラスに掲示しました。

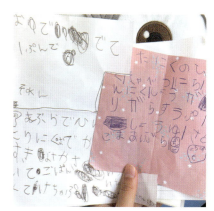
子どもたちが持ち寄った作り方の紙

作り方を模造紙にまとめる子ども

（2）え！ラーメンとそうめんも手作りに!?　本気で言っているの…?

　作り方を調べている中で、「麺は買うでしょ…」とつぶやいていると、子どもたちから「え！ラーメンもそうめんも作るんだよ！」という声が。予想だにしていない発言に驚きましたが、子どもたちと作り方を調べていくうちに、どちらにも薄力粉・強力粉・塩・水が入っていて、ラーメンにだけ卵が入っていることや、ほとんど作り方は一緒なのだということにも、子どもも私も気づくことができました。

（3）1回試作をしてみよう！

　麺を作るとはいえ、初めての経験で不安要素があったため、7月の初めに子どもたちに相談してみんなで1回試作をしてみることにしました。

❶そうめんの試作

　粉は私が混ぜ、ビニール袋に入れたものを子どもたちが揉み、足で踏んでダマをなくしていきます。

　そうめんを試作するうえで苦戦したのはそ

材料を計ってボウルに入れていきます

そうめん生地を足で踏む子どもたち

そうめんの細さに切ることに苦戦

うめんの細さに切ることです。作ったそうめんの生地の横にそうめんの見本を置き、なるべく近づけられるように慎重に切りました。鍋で茹でるとどんなに細く切ってもうどんのように膨らんでしまいました。

　見た目はそうめんとは言いがたいものでしたが、食べてみると味はそうめん！　子どもたちからは「おいしい！」「この太さでもそうめんの味がするからこの太さがいい！」という声が聞こえてきました。

そうめんを茹でて試食

❷ラーメンの試作

　ラーメンの試作では、卵を入れただけで麺の色がそうめんのときと違うことに気がつきました。子どもたちからは「なんかラーメンだけどお蕎麦みたいだね」という声も聞こえてきました。

　調べたときにラーメンはそうめんと違い、一晩寝かせることでさらにおいしくなることを知り、一晩冷蔵庫で寝かせ、翌日に子どもたちが切って茹でて試食を行いました。

　子どもたちからは「ちゃんとラーメンの味がするよ！」と大絶賛。「お泊まり保育でもっとラーメン食べられるの楽しみだなぁ」と楽しみにしている姿も見られました。

茹で上がったラーメンを試食する子どもたち

4　いざ！お泊まり保育開始！

（1）お泊まり保育で必要な材料を買いに行こう！

　お泊まり保育を迎える週に、オムライスを作るグループの子どもたちは養鶏場に卵を買いに、そうめん・ラーメン・ぎょうざを作るグループの子どもたちは幼稚園の近所にあるショッピングセンターにそれぞれ別の日に買い物

に行きました。

　心配そうな表情をしながらも、友達と協力してお金を数えて必要なものを買うことができました。

養鶏場に買い物に行きました

　それぞれが買い物に行っている間に幼稚園で待っていた子どもたちは、ぎょうざやオムライスで使う野菜を野菜カッターで切ったり、そうめんやラーメンの生地を作っていました。

(2) いよいよお泊まり保育当日！ ご飯作りスタート！

　当日を迎えたお泊まり保育。
　グループに分かれてお友達や先生たちと協力をして夜ご飯を作ります！

オムライス作り　　　　　　　　　　　　　　ラーメン作り

（3）いざ、実食！

みんなで作った夜ご飯。

お味はというと…どれもおいしくできていましたが、試作の段階で上手に作れていたラーメンの麺が、切ってから一晩寝かせてしまったことがよくなかったのか、試作の時よりも硬く、噛み応えのよいラーメンになってしまいました。

子どもたちからは『ラーメンが思ったより硬くて食べづらいよ』『おいしいラーメンを作ってくれるラーメン屋さんってすごいんだね』という気づきも見られました。

できあがった夜ご飯

早く食べたいなぁと待ち切れない子どもたち

5 お泊まり保育を振り返って＆その後の子どもたち

お泊まり保育に向けて子どもたちとサークルタイムを重ね、その内容や進捗状況を見える化したことで、子どもたちは見通しをもってお泊まり保育に向けて準備ができたように感じます。親元を離れ友達と幼稚園に泊まる経験は年長の最高学年でありながら初めての経験であり、不安がたくさんあるということを念頭に子どもたちと考え、一つひとつの不安を楽しみにしてきたからこそ、当日の受け入れの際に泣く子や不安がる様子の子どもたちはいませんでした。試作から当日への失敗もありましたが、子どもたちはそれをも楽しんでいました。夏休み明けの子どもたちからは『またお泊まり保育したいね』という声ばかり。例年の形にとらわれずに行ったからこその子どもたちの姿だったのではないかと感じています。

事例1の保育のPOINT
「カレーじゃなきゃダメなの?」の一言が出発点

宮里暁美

ワクワクする子どもと保育者から生まれてくること

　進級して間もない頃から、お泊まり保育を楽しみにする子どもたちを見て「子どもたちと一緒に考えて作ったら楽しいんじゃないかな!」という思いを抱いたことから、この素敵な実践は始まっています。年長組になってワクワクしているのは子どもだけではありません。とびきり楽しいことをしよう!とワクワクしている保育者がいて、この素敵な実践が始まっていくのです。

夢のプランを引き出すスモールステップの問いかけ

　子どもたちと考え合ったのが夜ご飯のことでした。「食べたいものは何か」というテーマは、誰もが参加できて夢が広がりやすいもので、実感のこもった語り合いが始まります。美味しそうなものが次々に提案され12種類のものが出た時に発せられた次の問いが「夜ご飯、1つだけにする?」でした。この問いに対してもいろいろな意見が出ます。実体験を元にして、子どもたちの中から「やってみたい」が出てきます。スモールステップの問いが発せられ、時間をかけて考え合うなかで、夢のプランが形になっていきました。

主体性がどんどん発揮され、子どもたちが作る取り組みになっていく

　12のメニューから4つを選ぶ方法についても、子どもたちは積極的に意見を出しています。地域の中でも参加者の意見を反映するような取り組みが進んでいて、それを体験しているケースもあるのでしょう。子どもたちの意見は、保育者の予想を次々に超えていきますが、一つひとつを大切に受け止め実現していく歩みの中で、保育者が最初に願った「子どもたちと作るお泊まり保育」が形を成してきたのがわかります。

子どもに背中を押されて「麺」も手作り

　ラーメンとそうめんがメニューとして選ばれたとき、保育者は「もちろん麺は買う」と思っていました。大人なら誰もがそう思うところですが、子どもたちは疑いもなく「作るでしょ!」と言ったのです。「自分たちで夜ご飯を作る」という夢実現のために歩み出した子どもたちから出されるプランは、保育者の予想を大きく超えていきます。この意見に驚きながらも受け止めて、麺の作り方を調べたり作ってみたりと歩みを進めます。保育はこうして輝きを増していくのです。「行事を子どもたちと一緒に作る」とは、子どもたちのパワーに驚きながら、得難い体験を重ねワクワクする楽しさを味わうことなのだ、ということをこの事例から学びました。

事例2　文京区立お茶の水女子大学こども園（東京都文京区）　5歳児／7月

星のナビゲーターって何？
子どもたちがつくり出した「いちょうまつり」

> いちょう組（5歳児）クラスの子どもたちが作り出す「いちょうまつり」では、毎回、さまざまなアイデアが出て楽しい取り組みが繰り広げられます。保育者は、子どもたちの思いを大切にしようと援助しますが、子どもたちから出てくるアイデアは常に斬新で、「どういうことなの？」と迷うことも多くあります。「星のナビゲーターをやりたい」という一人の子の発言から始まったおまつりごっこの様子です。

1　いちょうまつりの相談が始まり仲間が集まる

（1）子どもの「やりたい！」の声を受けて

　7月はじめ、「もうすぐこども園の夏まつりがあるけど、その前にいちょう組（5歳児）のおまつりがやりたい！」という声があがり、みんなの時間で話し合うことにしました。

まつりの準備をする子どもたち

　どのようなおまつりにしたいのか聞いてみると「お客さんも自分たちも楽しいおまつり」「やりたいなぁ、と思ったお店をやってみる」「小さい人が楽しい！と思うお店にしたい！」「食べるお店と遊ぶお店があったほうがいいんじゃない？」「おまつりの名前も考えたほうがいいと思う」「おまつりの写真とか見てみたいよね」「音楽かけたらいいね」「おみこしも作ろうよ！」「りんごさん（2歳児）やくるみさん（1歳児）にも来てもらいたい」など、いろいろな思いが出てきました。

　このようにして始まった「いちょうまつり」ですが、その中で一人の子が出してきたプランは、保育者の想像を超えるものでした。驚きつつ進めていくと思いがけない展開になっていきました。その様子を紹介します。

（2）Aちゃんが「星のナビゲーター」とささやく

　みんなの時間（学級全体で話し合う時間）で、どんなおまつりにしたいか、やっ

いちょうまつりに必要なものや「こんなことをやりたい！」と考えたものを話し合いながら書いています

てみたいことを出し合いました。「お面やさん」「焼きそばやさん」「わなげで遊ぶコーナー」「金魚すくい」「さかな釣り」「チョコバナナ」「りんご飴」など、やりたいことが次々に出てきます。保育者がそれらをホワイトボードに書き出していると、A児がやってきて保育者の耳元で聞こえるか聞こえないかくらいの声で「星空ナビゲーター」とささやいたのでした。

「え？」と聞き返すと、もう一度「星空ナビゲーター」と、はっきりと聞き取れる声で伝えてきました。「素敵だね」と、ホワイトボードに書こうとすると「今は書かなくていいの」とAちゃん。保育者も「そうね、そうしましょうね」と、Aちゃんの思いに寄り添い、その時間では星空ナビゲーターのことは触れずに終わりました。

なぜAちゃんは保育者のところにささやきにきたのか？　なぜ今はまだみんなに伝えなくていいと言ってきたのか？　何をやりたいんだろう？と、ハテナの連続でしたが、わからないことが多かったので、保育者同士で話し合い、しばらく様子を見ることにしました。

（3）準備が始まりAちゃんも描き始める

　子どもたちはそれぞれやりたいお店に分かれて、まつりに必要な物や、準備することなどを紙に書き出したり、お店の人たちとイメージを合わせたりしながら作り出していく姿が見られます。

　Aちゃんはどうしてるかな？と、見てみると、紙に何かを一生懸命書いています。そっと近づいてみると「そうしたらまずは、ながれぼしのことをつたえます。ながれぼしは、ほんとうはうちゅうのごみです。じつは、ごみはちきゅうのまわりをいつもまわっています。それなのにちきゅうでは、いちぶのつきしかみえないのはなぜでしょう？」

「それいいね！　一緒につくってみようよ」
お店の準備がはじまります

第2章

「ずれ」に気づくことで行事・環境・計画が新しく生まれ変わった14の取り組み　51

という書き出しから始まっていました。

　Aちゃんは4歳児の中頃から、宇宙や星のことに興味をもっていたので「なるほど！　星や惑星のことを伝えたいと思っているんだ」「星空ナビゲーターは、宇宙のことを紹介するものなのかな？」と、保育者もワクワクしながら、もう少し見守ることにしました。

(4) Aちゃん、スタッフ募集の紙を貼る

　廊下にあるドキュメンテーション貼り出しコーナーに、「ほしのなびげーたー　すたっふぼしゅう!!」という紙が貼られていました。「えー！　スタッフ募集？」と思いながら見ていくと、

　《やること・ほしやわくせいのことをしらべてつたえる》《ちきゅうがてにすぼーるのおおきさだとすると、すいせいはすーぱーぼーる。きんせいはてにすぼーる。かせいはぴんぽんだま。もくせいはばらんすぼーる。どせいはばすけっとぼーる。てんのうせいはさっかーぼーる。かいおうせいはばれーぼーるになります。わくせいのことをしらべてみんなにおはなしします》《すたっふになりたいひとはきてね》という内容が書かれていました。

　保育者はAちゃんが一人で星空ナビゲーターをつくりあげていくのだと思っていました。だから、みんなにも伝えなくていいと言ってきたのだと思ったのです。しかし、本当は一人ではなく、誰かと一緒に星空ナビゲーターをつくっていきたかったのでしょう。その想いから生まれた貼り紙だったのかもしれません。

　でも、ほとんどの子どもたちはやりたいことが決まっています。この貼り紙の呼びかけに応じてくれる人は現れるのだろうか？　さりげなく宣伝したほうがいいのかなぁ？と、保育者の中にはいろいろな思いがあふれてきましたが、「保育者が動くのは今じゃない！」と踏みとどまり、様子を見ていることにしました。

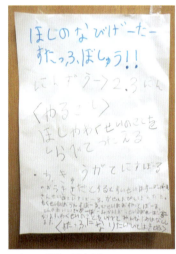
スタッフ募集の貼り紙

(5) Bくん、スタッフになる！

　貼り紙を見た子どもたちも「スタッフ募集してたね」「誰かきてくれるといいよね」と言いながら、自分たちのお店の準備を進めています。Aちゃんはどうしているかしらと見てみると、なんとBくんの姿がありま

募集中の貼り紙を見る子どもたち

した。宇宙の本を広げながら楽し気に2人でおしゃべりをしています。「先生！　スタッフを募集したら来てくれたんだよ」と、Aちゃんがうれしそうに伝えてくれました。まだ、どのお店にするか決められずにいたBくんが、スタッフ募集中の貼り紙を見て、星空ナビゲーターの仲間になってくれたのでした。

調べた星や惑星のことをお客さんに伝えられるように考えた言葉を髪に貼っていきます

2　いちょうまつりの準備が進む

（1）AちゃんとBくんの話をよく聞く

　Aちゃんは、星空ナビゲーターで流れ星や星座、惑星のことなどの紹介をしたいというイメージが出来上がっているようでした。そこにBくんが加わり、どのように一緒につくりあげていくのだろう？と思い、まずは2人がやりたいと思うことを聞くことにしました。

ブラックホールや惑星の色にもこだわって描いています。

　Bくんは「ブラックホールのことを話したい」「ブラックホールは何でも吸い込むんだよ」「すべり台みたいに滑っていくらしい」「真っ暗なんだって！」と、知っていることや調べたことを伝えてくれました。Aちゃんもブラックホールの話を一緒に聞いていて「それなら私の次にBくんが話す感じでどんどん順番に話していこうよ！」「何から話していこうか」と、うれしそうにBくんと考える姿がありました。一緒にやりたいことを考えたり作っていくことが楽しいようで、とてもはりきっているようでした。

（2）そうじゃない！先生はわかってない！

　2人の宇宙の話やイメージはとてもおもしろくて素敵なのですが、これをどうやって表現していくのだろう？と思い聞いてみると「星や宇宙を暗い中でみんなに見てもらいたいんだよね」ということを教えてくれました。そこ

で保育者が「それなら部屋を暗くして、星や惑星を壁に映してみることもできるし、いろんなことができそうだね！」と伝えると、Aちゃんが急に怖い顔になって「そうじゃない！」「本当にわかってないなぁ」と言ってきました。

「私たちは絵を描いてみんなに伝えたいの」「画用紙と絵の具を使ってやりたいの！」ということをはっきりと伝えてくれました。2人の話を丁寧に聞いていたつもりでしたが、わかってない！と言われたことで、Aちゃんとの思いに「ずれ」を感じ反省しつつも、「もっとAちゃんたちの世界を見てみよう！　わかろうとしよう！という思いをいつも持ち続けてそばにいよう！」と前向きな気持ちにさせてもらった気がします。

（3）星空ナビゲーターで本当にやりたかったことって？

「絵を描いて表現したい」という思いを大事にしようとかかわっていると「紙芝居のケース(枠)がほしいから出してくれる？」と、Aちゃんが伝えてきました。枠を出すと、枠に入る大きさに画用紙を切っていきます。そして絵の具で星座、月、惑星、ブラックホールなどを描き、紙の裏側に文字を書いて、めくりながら話をし、そのことをお客さんに見てもらいたかったことがわかりました。部屋を暗くして、その中で星空を案内していく。それがAちゃんの本当にやりたかったことなのでした。

「このブラックホールいいね！本物みたい！」
周りに友達が集まってきます

「いよいよ星空ナビゲーターはじまります！」

Bくんも一緒に作り上げていく中で自分の思いを伝えたり、2人で一緒に進めていく感じがとてもよい雰囲気で、そのおもしろさが周りの子どもたちにも伝わっていきます。「いちょうまつりの時、星空ナビゲーターに行くね！」「星たちがきれい」と、楽しみにしている様子がありました。

3 いちょうまつり当日

（1）いろいろなお店の様子

待ちに待ったまつりの日。朝からお店の番をしてお客さんを待っている姿が見られます。「いらっしゃいませ！」いちょうまつりが始まりました！ 食べ物やさんのコーナーには紙や毛糸で作ったごちそうがたくさん並んでいます。チョコバナナは自分が好きなのを選んでおいしそうに食べています。焼きそばはその場で焼いてくれ、あつあつでパックに入れて食べることができます。焼きそばと一緒にりんご飴も買っていくお客さんがいました！

だんだん混んでくると「こちらに並んで待ってくださーい」とお店の人が案内してくれます。

お面やでは「どのお面がいいですか？」と写真を見てもらいます。写真で選ぶと後ろに飾ってあるお面を取って渡し、写真には「売れました！」のチェックを入れて、次に来たお客さんがわかるように工夫していました。

さかな釣りと金魚すくいも大人気！ 釣れるとバケツに入れて、次の魚を釣っていきます。金魚すくいでは、手作りのポイが人気。

輪投げは入ると、タンバリンや鈴を鳴らして祝ってくれます。何度も挑戦にくるお客さんで大人気！ 小さい子にはものすごく近いところから投げさせてくれます。

（2）星空ナビゲーターの様子

星空ナビゲーターは室内を暗くして星や月のことなどを紹介していきます。当日はBくんがチケット係になり、Aちゃんがお話を進めていきました。Aちゃんは「星空ナビゲーターはこちらでーす！」とお客さんに声をかけたり、「こちらの椅子にどうぞ！」「チケットはBくんです！」と案内したりして、「お客さんがたくさん来てくれてうれしいね」とBくんに伝える姿も見られます。お客さんたちはソファ

手作りの鉄板で焼きそばをつくります

色とりどりの動物のお面

「このお面ください！」写真を見てお面を選ぶシステム

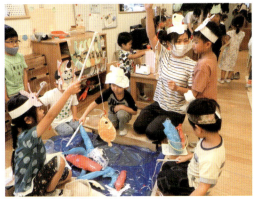
さかな釣りも大人気！

星空ナビゲーターでやりたかったことができた！！

や椅子に座って星空のお話を聞き、「土星って聞いたことある！」「ながれぼしってまだ見たことないなぁ」「見たいよねー!!」などと、おもしろかったことや感じたことを伝え合いながらとても楽しそうでした。

自分たちがやりたい！と思ったことを考えたり試行錯誤したりしながら実現し、うれしい時間となりました。

4 実践を振り返って

　子どもたちが今、おもしろがっていること、気づいたこと、感じていること、こだわっていること、知ろうとしていること、不思議がっていること、困難さを感じていること。それらが出発点となって、子どもたちは自分なりに表現したり、仲間と一緒に感じあったりして楽しんでいきます。

　いちょうまつりでのAちゃんとのかかわりのなかで、「先生はわかってない！」と言われたことをきっかけに、自分自身を振り返り、本当はどうなのだろう？と、問いをもちながらかかわることができました。

　子どもがし始めたことや、感じたことを大切にし、かたわらで耳を澄ませて見守ったり遊びを支えたりしながら、さまざまな対話や表現が生まれてくる環境などを工夫していきたいと、この事例を通して感じました。その子のその時、その瞬間の思いを、ともに感じ、ともに面白がり、寄り添っていけるような保育者でありたいと思います。

事例2の保育のPOINT
子どもの「やりたい」を支える保育者

田島大輔

星空ナビゲーター物語

「いちょう組（5歳児）でおまつりがやりたい！」という子どもたちの声から、この取り組みはスタートしました。子どもたちは、自分たちだけではなく、お客さんや他のクラスの小さい子どもたちにも楽しんでもらえるような「おまつり」をしたいという思いをもって、どのようなおまつりにするか話し合い、多くのアイデアが子どもたちから出されました。中でも、Aちゃんが提案した「星空ナビゲーター」はユニークなアイデアでした。

保育者は、Aちゃんがどのような意図で「星空ナビゲーター」を提案したのかを理解しようと、しばらくAちゃんの様子を見守ることにしました。様子を見てみると、Aちゃんは一生懸命に何かを書き出していました。内容は、宇宙や星についての説明が書かれており、Aちゃんが4歳児の頃から興味をもっていた宇宙への関心が記載されていました。Aちゃんはこの「星空ナビゲーター」を通じて、自分が学んだことや感じたことを他の子どもたちに伝えたいと考えていたのでしょう。

仲間と協働するプロセスを支える保育者

やがてAちゃんは、スタッフを募集する貼り紙を掲示します。その貼り紙を見たBくんがAちゃんのスタッフに加わることになり、2人は一緒に「星空ナビゲーター」を作り上げることになります。Bくんは「ブラックホールについて話したい」と提案し、Aちゃんもそのアイデアを受け入れ、協力して進める姿が見られました。子どもたちが互いの考えを共有し、他者と協力することで新たな発見や学びを得ることができたのは、近くで見守りながら支えた保育者の存在があったからです。

子どものイメージとずれながらも寄り添う

AちゃんとBくんは「星空ナビゲーター」を通じて、宇宙の魅力を他の子どもたちに伝えたいという共通の目標をもっていましたが、保育者との間でずれる場面がありました。保育者は、部屋を暗くして星や惑星を壁に映し出すという提案をしましたが、Aちゃんはそれに対して「そうじゃない！」と強く反発し、自分たちは絵を描いて伝えたいのだと主張しました。

子どもが本当にやりたかったことを理解し、ずれながらも、子どもの思いに寄り添うことの大切さを再認識させられました。保育者は子どもたちが自分たちのアイデアをどのように実現したいのかを尊重し、そのプロセスをサポートすることが求められます。また同時に、子どもが保育者にはっきりと意見を言える関係性を普段から築いていたからこそ、やりたかったことに気づき、実現できたのです。

事例3　ゆうゆうのもり幼保園（神奈川県横浜市）

0〜2歳児と親子

運動会から親子DAYへ
その子らしさを感じ合う親子の時間

> 子どもたちの"今"に着目し、子どもたちが主体的に楽しんでいる遊びを行事にしていくよう工夫しています。コロナ禍から4年間かけて、運動会から「親子DAY」に行事が変化しました。
> 日常の遊びのなかで子ども自身が味わっていることや楽しんでいることを、もっと保護者と共有したいと願い、子ども自身が選んだ遊びのなかで見られるその子らしさを園と保護者が共有した実践です。

1　開園当初から行っていた運動会

　ゆうゆうのもり幼保園は0〜2歳児（28名）、3〜5歳児（180名程度）が過ごす認定こども園です。開園当初から、運動会は全園児（0〜5歳児）と家族が集まり行っていました。全園児とその家族が集まるには、園庭が狭いこともあり、姉妹園の港北幼稚園の園庭で、運動会を行っていました。運動会を通して保護者が園の保育に対する理解を深めること、他学年の子どもの姿を通して子どもの成長に見通しをもってもらうことや振り返ってもらえるような機会となることを大事にしていました。

　3歳未満児クラスの子どもたちにとって、少し特別な環境の中で保護者と一緒に、日常の保育のつながりの中で自分を発揮したり、親子で楽しい経験となったりするような運動会でした。

　そのような運動会を重ねてきましたが、2020年度にコロナ禍を迎え園全体の行事として運動会を行うことができなくなりました。

2 コロナ禍を迎え「当たり前」の見直しと模索が始まる（2020〜2022年度）

（1）3歳未満児クラスは平日午前中にホールで実施（2020年度）

　密を回避することを優先的に考え、3歳未満児クラスと3歳以上児クラスの運動会を分けて実施しました。3歳未満児クラスは平日の午前中にホールで子どもと職員のみで行い、その様子を保護者に動画配信する形をとりました。

　内容的には、今まで通り子ども達が楽しんでいることをベースに"運動会の競技"として考えました。その結果、保護者はいないのですが、子ども達にとっては姉妹園より身近な自園のホールという環境の中で、いつも一緒に過ごしている保育者と日常的に楽しんでいる内容ということもあってか、緊張から泣く子どもが1人もおらず、終始楽しい雰囲気で行われたことが印象的でした。

（2）保護者不在でも存在を感じられるように工夫（2021年度）

　2021年度もコロナ禍が続いており、保護者から園の生活が見えづらい状況が続いていました。そのようななかで、前年度と同じような形で運動会を行いましたが、園の行事として保護者にどのような形で参加してもらえるのかを考えました。例年行っている子どもへの手作りメダル作成の他、運動会までの過程の姿を動画で配信したり、運動会で使う旗を作成してもらったりしました。

0歳児の競技・ジョイントマットの感触の道やトンネル

　また、子どもたちが楽しんでいる真似っこ遊びをプログラムに取り入れ、保護者にポーズをとってもらった写真で真似っこ遊びのパネルを作成し、保育の中だけでなく運動会でも使っていく等、園生活や行事の中に保護者の存在を感じられるような、保護者にも興味をもってもらえるような試行錯誤を重ねていきました。

　保護者アンケートでは「運動会の動画配信も含め、コロナ禍で大変な中、子どもたちと行事を行ってくれてありがとうございます」というような温かい言葉を

保護者の写真を使って真似っこ遊びのポーズを表現

多数いただき、園の行事に関心をもってもらえていることがうかがえました。

（3）夕方に各保育室で行った運動会（2022年度）

　コロナ対策が少しずつ緩和されていくなかで、保護者も参加できる形を考えて、3歳未満児クラスでは、保護者が参加しやすい平日の夕方に、各クラスの保育室で運動会を行うことにしました。どのように各クラスで実施していくかを検討して、"運動"や"競技"を意識した内容というより、一人ひとりの子どもが楽しんでいる日常の遊びを取り入れた内容で運動会として行いました。

　子どもたちは、保護者が保育室にいることに、"なんでかな？"と不思議そうにしたり、うれしくて保護者に甘えたりする姿がありましたが、なかには"お迎えだ"と思ったのに運動会が始まり、戸惑いや空腹から泣く姿も見られました。運動会の間は、いつもの保育室の中で日常的に楽しんでいる遊びをのびのびと楽しむ姿が見られました。ただ、運動会後に、今までの運動会の概念をもっている保育者からは、保育室で行う運動会をどう描いたらいいのか戸惑ったという声も上がりました。その違和感は保護者にもあったようです。

　1歳児クラスでは、子どもたちが楽しんでいた"探す"遊びを中心とした内容にしたのですが、保護者が遊びのなかに入って一緒に楽しめるような工夫が少なく、保護者同士で雑談が盛り上がるような場面があったので、振り返りでは、子どもの遊びの世界を保護者も味わえるような工夫を考えたいという反省も出てきました。

0歳児の運動会の様子

2歳児の運動会の様子

3 親子DAY始まる（2023年度）

（1）その子らしさのおもしろさを感じてもらう機会として発案

　2023年度は"運動会"改め"親子DAY"として、平日の午前中に（0歳児のみ午前寝が必要な子どもがいるため夕方16時から）行いました。内容は「一つの競技をする」のではなく、一人ひとりの子どもが遊びを選べるようにし、"今"のその子らしさを発揮できる内容を大事にして、それぞれの遊びのなかで見られるその子らしさを保護者に感じてもらえるための工夫を中心に考えていきました。

（2）親子DAY当日までに保護者に子どもの姿を共有する方法

　日々のドキュメンテーションに加えて、写真を使ったクイズや保育ウェブを掲示しました。保育ウェブとは、例えば「遊び」など、テーマとなるキーワードから、見られた事実（子どもの姿）や思いついたアイデア（環境構成や援助）、保育者自身が考えたこと（保育者の想い）などを丸で囲んで書き、それを線でつないでいくことで蜘蛛の巣（ウェブ）のように広がってく記録作成の方法です。保育者が日々、遊びのなかで見られた子どもの姿や気持ちなどを書き足していくことで、子どもの姿や遊びの変化やつながりが可視化されます。

　保育者が子どもの姿を記録しているこのような方法を、保護者にも体験してもらうことで、変化していく子どもの気持ちや、楽しんでいることに注目したり、あとから味わったりできるようにしました。

> **保育ウェブのよいところ**
> - 複数の保育者と対話しながらメモのように書ける
> - 話しながら浮かんだアイデアをすぐに書ける
> - 子どもの姿、興味のつながりが可視化される
> - 子どもの姿が記録されていくので、計画や振り返りに使える
> - 子どもの話がしやすくなる　など

0歳児クラス

　写真を使ったクイズを掲示。お迎え時に保護者に出題して、園の子どもの

姿を保護者に想像してもらい、具体的な姿を伝えました。

クイズを掲示

答え

掲示に加えて、お迎え時にクイズ形式で子どもの姿を伝えます

1歳児クラス

　写真を遊び（楽しんでいること）で分けて掲示し、保護者に付箋でリアクションをもらえるようにしたり、対話のツールにしました。

　保育で楽しんでいる踊りで使う旗の作成に協力してもらえるように呼びかけたりもしました。

保護者が見える壁に写真を掲示

旗のキットを自由に持ち帰れるようにしました

2歳児クラス

　保育者がその日の子どもの姿を記録している保育ウェブを掲示し"今"の子どもの姿を保育者の語りとともに保護者へ伝えます。

　子どもの姿の予想を記入できるウェブをつけた親子DAYのチケットを事前に配布し、親子DAY当日、予想

保育ウェブの例

が記入されているチケットと引き換えに、当日見られた子どもの姿をウェブで書ける用紙を配布します。

いずれも、保育者と保護者の対話のツールとして使っていき、子どもの姿を中心に連絡帳（ドキュメンテーション）で伝わりきれない部分を対話で伝えていくことを意識していきました。

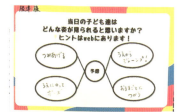
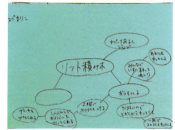

事前に、保護者が当日の子どもの姿を予想して記入するためのウェブ（上、もとは空欄）の用紙をチケットとして配布、当日は実際の子どもの姿を見てウェブを書ける用紙（下）を配布

（3）親子DAY当日の様子

0歳児クラス

保育室に用意したいくつかの遊びのなかから自分で選んだ遊びに保護者を連れて行く姿や、同じ感触遊びのなかでも"好き"にこだわって遊ぶ姿が見られ、それをほほえましく見守る保護者の姿が見られました。

左奥は傾斜、右前は感触遊び

1歳児クラス

同じマット遊びをとことん遊び続ける姿を"今面白がっていること"として微笑ましく見守っていたり、少し高いゲームボックスに登ることに挑戦している子どもを、多数

ボックスに登れると周りの大人から拍手が沸きました

親子で新聞紙を飛ばしっこ

の保護者が応援しながら見守り、成功するとその子の挑戦を拍手とともに喜んだり、素材遊びの面白さをともに感じる保護者の姿がありました。

2歳児クラス

子どもの発想によって変わっていくソフト積み木遊びを、保護者も子どもの姿に注目して遊ぶ姿がありました。また子どもの"こうしたい"をキャッ

チしながら、保育者が素材を提案したり援助したりしていくと、どんどん遊びが広がっていく様子を保護者も目の当たりにし、日常の保育を保護者が垣間見られる機会となりました。

保護者と一緒に子どもたちの"やりたい"がたくさんできます

新聞紙を使って道がつながります

4 子ども、保護者、保育者が主体的に参加する行事に

　"運動会"という枠組みがなくなり、子ども自身がやりたい遊びを選べる内容にしたことで、日常的に面白がっている姿が見られ、保護者も一緒に子どもの新たな一面を感じられた時間になりました。

　また、保育者が子どもの姿から必要な援助をする姿を見てもらう機会になり、日常的な保育の営みを感じてもらえ、子どもの興味にあった環境と保育者の援助で遊び込む姿や遊びが展開されていくおもしろさを体感してもらえました。

　自分の子どもだけではなく、クラスの子どもたちの姿も見てもらうなかで微笑ましく見守ったり、挑戦を応援したり、一緒に遊んだりする保護者の姿もあり、優しくて穏やかな楽しい時間が流れていて、子どもたちにとっても嬉しい時間になっていたように感じました。2歳児クラスの保護者は、保育ウェブ体験から子どもの遊びが展開されていく過程が可視化されるおもしろさや、保育者の視点をもつことで子どものおもしろさをより感じる機会になったようでした。

　保育者の振り返りでも、保護者の巻き込み方に頭を捻ったものの"運動会"として考えていた時よりも準備が少なく、当日も日頃の環境（遊び）で行うことで不安感なく楽しめたという話が多く出ました。

　"運動会"では、保育者側も子どもに"運動をさせる"や"参加できるように"と考えていたところがありましたが、"親子DAY"にしたことで日常の保育と近い内容となり、"今日はどんなことを楽しむのかな？"と見守る心持ちで子どもが遊びを選ぶのを待ったり、その子らしさをおもしろがったりすることにつながったように思います。

事例3の保育のPOINT
運動会を乳児の視点から見てみると

芝崎恵子

「運動会といえば」から発想を変える

運動会といえば幼稚園・保育園はもちろん学校でも一大イベントです。それだけに、これまでやってきた「型」のようなものがそれぞれにあるのではないでしょうか。

保育者としては、保護者に子どもたちの成長を感じていただく機会でもあり、年齢が上がるほど子どもたちも「見せたい」という気持ちでがんばりますし、保育者もついついがんばらせがちだと私自身感じます。年上の子どもたちにとっては、ぐっと成長する機会にもなり、達成感を味わったり、クラスの一体感が得られたり、年長児に憧れを感じたりする行事です。一方、乳児クラスの子どもたちにとってはどうなのかということを、コロナ禍をきっかけに考えた実践例でした。

乳児にとっての「運動会」って

2020年度からの取り組みを見ていくと、子どもと職員の姿を動画配信→運動会までの過程も含めた動画配信（保護者は旗の制作や写真で参加）→平日の夕方に各保育室で保護者も参加して日々の遊びを取り入れた運動会→親子DAYとして、一人ひとりの子どもの遊ぶ姿を通してその子らしさを感じてもらう、と先生たちのさまざまなアイデアや工夫が感じ取れます。おそらくこの親子DAYに至るまで、何回もの話し合いがもたれたのではないでしょうか。ゆうゆうのもり幼保園は、もともと子どもたちの日常の遊びと行事との距離感が近い園だという印象があるのですが、それまでやってきたことを変えるのは相当なパワーも必要ですし、保護者にどのように理解してもらうかについても考えなくてはなりません。この4年間の試行錯誤が、コロナ禍のためにそうせざるを得ない状況だったとはいえ、実は大切な時間だったのではないかと推察します。

乳幼児の運動会から感じる「ずれ」の正体

私は初めての運動会の練習のあと2歳、3歳の子どもたちに、「運動会終わった。楽しかった」と言われたことが何回かあります。生まれて初めてだからこそ大人が練習と考えていることそのものが運動会だと思っているのです。運動会といえばという大人の固定概念と小さい子どもたちのとらえ方にはそもそも「ずれ」があるのかもしれません。このずれが悪いわけではなく、これから経験を積んでいくとその子なりの運動会に向けての気持ちが育っていくと思います。しかし、今回の実践例を見ていくと、親子DAYは子どもたちのとらえ方に近いと感じます。平日の夕方に行った運動会の違和感も経て、何かの「出来上がり」を見せるわけではなく、子どもが楽しんでいる姿を見てもらえたり、保護者に一緒にしてもらう楽しさを感じたりする親子DAYは日々の姿にちょっと「特別」も加えた楽しい時間だったのではないでしょうか。

| 事例4 | ふたばこども園（大分県大分市） | 0〜5歳児／2020〜2023年度 |

はじめてのフェス型プレイデー
「でも私たち、やりたいんです！」

> 　毎年、多くの園が行っている運動会。本園では親子で一緒に身体を動かす楽しさや充実感を味わってほしいと、「プレイデー」という名称で、毎年さまざまな競技を計画し、開催しています。
> 　一昨年、ある保育者からコロナ対策を踏まえた「フェス型プレイデー」という新たな形が提案され、準備を進めていたところに、新型コロナで急遽登園自粛となります。園長である私は、そんな状況ではプレイデーは開催できないと、保育者たちを前にプレイデーの延期を伝えたのですが…。なんと保育者たちから「私たちは、やりたいんです」との声を受け、開催することに。
> 　本事例は、そんな開催ピンチを迎えたプレイデーをどうするのか、保育者たちと私の「ずれ」を乗り越え、無事に新たなプレイデーが開催されたという事例です。

1 ふたばこども園の「プレイデー」って、どんな運動会？

　ふたばこども園の運動会、通称「プレイデー」で行う競技を決める際に大切にしていることが3つあります。それは、❶生活の自然な流れを生かす、❷「楽しく」が基本、❸子どもの主体性が尊重され発揮できる場です。
　もう少し説明を加えると、❶は、急に運動会用にメニューが出てきて練習三昧になるのではなく、子どもたちが普段から興味や関心をもっている遊びや盛り上がっている遊びなどを競技に取り入れる（もちろん保育者側のしかけはありますが）ということ、❷は、厳しい練習ではなく、乳幼児にとってふさわしい、無理なく楽しく取り組めるものが基本ということ、❸は、0・1・2歳児では、保育者たちが、子どもが興味をもって主体的に楽しむ姿のある遊びを競技にしたり、3・4・5歳児ではそれらを選択制にして子ども自身が出たいものを選べるようにするなど、子どもが主体的にのぞめるようにし

日頃から親しんでいる遊びがプレイデーの競技に

ています。

　さらには、子どもだけでなく、親子が一緒になって身体を動かして楽しむことも大切にし、プレイデーが親子にとって楽しかった良き思い出になるようにしたいとも思っています。

2 コロナ禍で、新たなプレイデーの形を模索する

　2020年、世界中が新型コロナの脅威にさらされ、多くの行事やイベントが中止になるなど、私たちはかつて経験したことのない状況に陥りました。そのような中、本園のプレイデーもどのように行うのか、悩みながら、その時の状況に合わせて変化させてきました。

　2020年度、本園のプレイデーは「保護者の参加はなし」とし、園内で子どものみで行いました。2021年度は「保護者の参加を分散」しようと、月曜日から金曜日まで「毎日がプレイデー」として、子どもたちは毎日、園庭で競技を楽しみ、保護者は5日間に分けて少人数で観覧するという形をとりました。

　そして、2022年度です。2022年度は、やはり保護者も一緒に参加できる形にしたいと考え、「密にならないこと」と「参集の時間を短く」という2つの対策を踏まえたうえで、コロナ前と同じように近隣の小学校の体育館を借りて行うこととしました。

　対策を話し合う中で、まず「密にならない」ためにどうするか考えました。これはすぐに解決しました。0・1・2歳児と3・4・5歳児で開催時間帯を分けるというものでした。

　あとは、「時間」です。まずは全ての競技をやるとどれくらい時間がかかるか確かめようと、プレイデーの10日ほど前に、プレプレイデーとしてやってみることにしました。すると、0・1・2歳児は競技数も多くないので短時間開催は可能ということになったのですが、3・4・5歳児は実際、かなり時間がかかったのです。急遽、主幹やプレイデー担当の保育者とミーティングをしました。短縮はしたいけれど、子どもたちがやりたいと言っている競技の数を減らしたくはないと考え合いました。

日頃から楽しんでいた4歳児の弓矢遊び（2022年度）

3 フェス型プレイデーが提案される

　話し合いを重ねていたとき、1年目のS先生がふと、「ロックフェスみたいなのは、どうですか？」と思いついたのです。しかし、ロックフェスと聞いても私は全く想像ができず、「なにそれ？どんな感じでやるの？」と聞き返しました。

　するとS先生から、「会場にブースを作って同時並行で競技を行うんですよ。そうしたら、予定している競技を減らさないでいいし、同時にやるから短時間で済むと思うし、子どもたちも待たなくていいですよね」と説明を受けたのです。

　まさに目から鱗でした。「それいい！」と思わず言ってしまいました。通常、プログラム順で行えば、自分の順番が来るまでのかなりの時間、待たないといけません。これでは本来、身体を動かす楽しさや充実感を味わってほしいプレイデーなのに、待つ時間のほうが長いとなると本末転倒です。しかし、フェス型であれば、本園のプレイデーで大切にしていることにも全く外れないし、むしろプレイデーの目的にも沿った形になると感じました。

　私と同様、主幹も他のプレイデー担当の保育者も、これならいける！と賛成だったので、早速、各競技をフェス型として各ブースに分けるよう計画を見直したのです。

室内に防災遊びのブースを作って、普段から楽しく遊べるように（2022年度）

4 フェス型プレイデーっておもしろい！

　初めてのフェス型プレイデーですから、当日までうまくできるか不安や緊張はありました。でも、不思議と確固たる自信みたいなものも同時にありました。なぜなら、この新しい形のプレイデーは、これまで子ども主体の保育を目指してきた私たちの想いと合致するものだったから、何があろうともきちんと説明ができると思っていたし、何よりこの新しいプレイデーは親子できっと楽しんでもらえるだろうから早くやりたい！というワクワクした思いがあったからです。

　先に言ってしまいますが、このフェス型プレイデーは、初めて行った

2022年度と比べ、じっくり考えたフェス型2年目の2023年度のほうが、やはりその内容を進化させることができたと感じています。

以下、フェス型プレイデーの概要について少しご紹介します。

（1）2022年度フェス型プレイデーの概要

2022年度のプレイデーは、当初はプログラム順に競技を行う予定だったのを、急遽フェス型としたので、私たちも手探りでした。

先にも書きましたが、まず、0・1・2歳児のプレイデーは、短時間で開催可能ということで当初通りプログラム順で行いました。3・4歳児については、最初と最後はみんな一緒がいいよねと3・4歳児対抗の玉入れやダンスをみんなでしましたが、メインはフェス型です。フェス型の競技は、日頃から親しみ、楽しんでいた平均台やマットなどのさまざまな運動用具をサーキットにしたり、日常の遊びの中で4歳児中心に盛り上がっていた弓矢遊びなど、どれも当初プログラム順で行う予定だったものを各ブースに分けた形でした（図2-1）。

初めてのフェス型プレイデー（2022年度）を迎える前日のミーティング。少し緊張感も

さて、いよいよプレイデー当日。フェス型の各ブースがオープンすると、子どもたちはすぐに保護者の手を引いて、積極的にブースを回る姿がありました。子どもたちも保護者と一緒に各ブースを回れるのがとても楽しいようで、弓矢遊びのブースでは、「弓はこうやって作ったんだよ」とか「こうしたらうまく飛ぶんだよ」と保護者に楽しそうに説明している子どももいて、とても生き生きとしていました。また保育者側も、プログラム順でやっていたときのように子どもたちを待機場所で待たせなくてもよいので負担が減り、むしろ競技を楽しく見守れていたようでした。このとき、私は、フェス型プレイデーをやってよかった！　と心から思えたのです。

ちなみにこの約1か月後に園内で行われた5歳児クラスのプレイデーも、もちろんフェス型で行いました。園庭・室内のいくつかの場所にブースを設け、ちゃんばらブースやサーキットブース、

図2-1 2022年度フェス型プレイデー3・4歳児配置図

体育館入リ口側	お散歩ブース	弓矢ブース	ステージ側
	サーキットブース	防災遊びブース	

また体力測定ブースも作りました。当日は、親子で一緒に楽しむ姿があり、フェス型プレイデーへの自信はさらに湧くことになりました。

（2）2023年度 フェス型プレイデーの概要

2023年度は、迷わずフェス型にすると決めて計画を進めました。競技は全て各ブースに配置し（図2-2、図2-3）、最初の準備運動とフィナーレだけみんなで集まってするという形にしました。また、前年度の反省からさらに競技種を増やしましたし、競技の内容も以下のポイントを踏まえたものにしたので、前年度よりも一層充実させることができたと思います。

2023年度フェス型プレイデー当日朝の最終確認等ミーティングの様子

- 年齢に合ったものであること
- 今、子どもたちの間で盛り上がっている遊びであること
- 子どもがプレイデーでやりたいと言っているもの
- 子どもがたとえプレイデー前日まで休んでいたとしても、当日楽しめるもの
- 子ども（とくに4・5歳児）が、当日まで何度も試行錯誤して当日にのぞめるもの
- なるべく園からの準備物がいらず、学校の備品や設備を活用できるもの
- 子どもも保護者も楽しめるもの

プレイデー当日は、前年度以上に充実した子どもたちの姿があったように感じます。フェス型ですから、保護者はもちろんですが、きょうだいなども参加してもかまわないので、当日、会場にいた全員が楽しめるプレイデーになったと感じています。

図2-2 2023年度フェス型プレイデー0・1・2歳児配置図

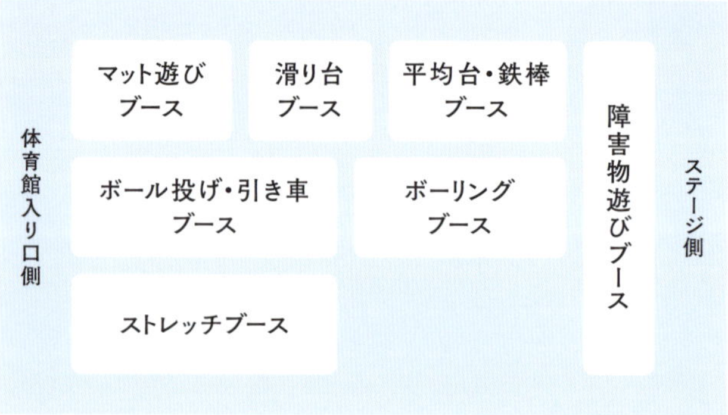

図2-3 2023年度フェス型プレイデー3・4・5歳児配置図

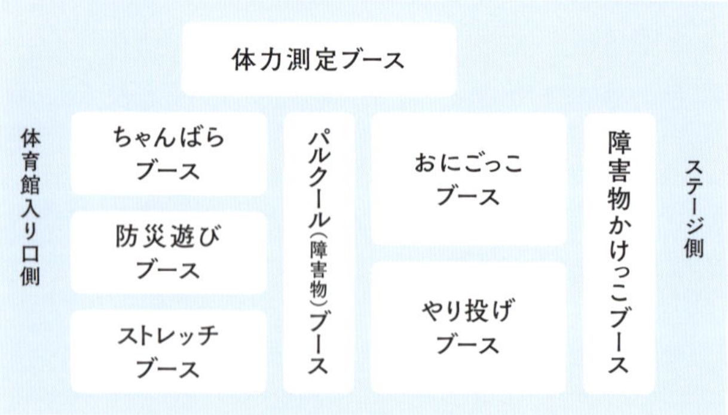

プレイデーの終了後、ある保護者の方が私のもとに寄ってきて、こう声をかけてくれました。「最高でした！」と。

（3）フェス型プレイデーでの子どもたちの姿

これまで2年続けてフェス型プレイデーをやってみて、改めて子どもたちの姿はどうだったのか、振り返ってみたいと思い、K先生に話を聞きました。

> 2022年度のプレイデーは、急遽、フェス型プレイデーをすることになったので、4歳児クラスの子どもたちに「振り返りミーティング」（＝サークル・タイム）で、「今度のプレイデーはフェス型ですることになったんだよ」と説明しました。
>
> しかし、子どもたちは「何それ？」という感じでよくわかっていないようでした。フェス型にすると決まってから当日までの間、園内の各場所にブースを作って、子どもたちは思い思いに競技を楽しんでいたのですが、やっぱり当日のイメージが湧かないことがわかりました。
>
> プレイデー当日、体育館に用意された各競技ブースを見て、「出たいの全部出ていいの？」と聞いてきたので、私が「いいよ！」と答えると、子どもたちは「やったー！」と言って各ブースに行っていました。今までのプレイデーはプログラム順だったし、選択制だったので、競技をどれか選ばないといけなかったけれど、出たいものに全部出られるって、子どもたちにとって嬉しいことだったんだと感じました。
>
> そして2023年度のプレイデーでは、各ブースがオープンしてすぐに大勢の子どもたちが競技を楽しんでいたのですが、ふと見ると、4歳児のIくんが、保護者にくっついて離れなかったんです。防災遊びのブースの近くで立っていると、同じクラスのHくんがやって来て、お母さんと一緒に競技を楽しみ出したんです。Hくんの楽しんでいる姿を見てIくんも「やりたい！」と表情が変わり、お母さんの手を引いて、競技をしたんです。フェス型プレイデーなら、プログラム順とは違い、自分の心が動いた時に競技を楽しむことができるからいいなと感じました。
>
> 普段、園庭や室内のいろいろな空間・コーナーで思い思いに主体的に遊んでいる子どもたちにとっては、フェス型のほうが自然と馴染みやすく、楽しめるプレイデーじゃないかなと思います。　　　（吉田謙伸保育教諭）

K先生の話を聞き、改めて子どもたちにとってもフェス型プレイデーのほうがよいのではないかと感じました。やはり、フェス型プレイデーをやってみてよかったかどうかは、子どもたちの姿にあるのだと思います。

5 フェス型プレイデー もうひとつの物語

(1) 着々と進んでいた「プレイデー準備」のはずが…

　2022年、フェス型で行うと決まってから、みんなこの新しい形のプレイデーを成功させたいと気持ちは上がっていました。ところが、いよいよ週末の土曜日に開催が迫ったその週の月曜日、なんと5歳児クラスで体調不良による欠席児や早退児が相次いだのです。案の定、新型コロナへの罹患でした。

　もちろん、コロナ禍ですからいささか心配はしていましたが、それまでしばらく罹患児はいなかったので大丈夫だろうと思っていました。ところがこのような状況になり、さらには翌日以降も罹患児が増え続け、結局5歳児クラスは日曜日まで登園自粛になったのです。

(2) 「プレイデー、どうする？」
　　緊急ミーティングで保育者たちの思いに触れ…

❶園長としての決断

　5歳児クラスの登園自粛を受け、プレイデーをどうするか非常に悩みました。園長として常々、普段のことなら保育者たちの考えを大事にしたいと思っていますが、緊急事態は別です。こういう時は園長である私が判断を下さなければと思い、こう考えました。

> 5歳児クラスが登園自粛なので、もうプレイデーは開催できない。今後、他のクラスにも新型コロナが広がって登園自粛になる可能性もあるのだから、早いうちにプレイデー自体を延期するしかない。

❷緊急ミーティングを開催し、園長の決断を伝えたところ、
　そこに大きな「ずれ」が…

　プレイデー延期の決断後、私は、急遽保育者たちを集め、緊急ミーティングを開きました。そして保育者たちの前で、延期の旨を伝えたところ…

> あれ？　みんなの反応、意外といまいちだな。納得していないのかな。

　私がそう思ったのも無理はありません。私の決断を聞いても、保育者たちはしばらく無言だったからです。そして、沈黙が続く中で、保育者1年目のY先生が声を上げ、私にこう言ったのです。
　「私やりたいです。5歳児さんだけ後日にするのはダメなんですか？」
　まさかそんな意見が出るとは思わなかった私は、「やりたい気持ちはわかるよ。でも、いくらやりたいと私たちの気持ちだけ言っていてもダメで、保護者さん側の立場になって考えることも大事じゃないかな？」とすぐに切り返しました。
　なぜなら、もしそうしたら、5歳児の子どもたちや保護者にとっては外された気分にならないかなと思ったからでした。それに、そもそも1クラス欠けた状態でプレイデーを行うなんて、私の頭の中には全くない発想だったので戸惑ってしまったというのも本音でした。
　このときでも、まだ私の賛同者はいると思っていました。そこで、他の意見も聞こうと「プレイデーの延期」か、それとも「1クラス欠けた状況で決行し、5歳児だけ別日に開催」か、保育者たちに挙手をしてもらったところ、なんと私以外の全員が後者に手を挙げたのです。
　私と保育者たちの間に、大きな「ずれ」を感じた瞬間でした。
　「みんな、やりたいんだな…。わかった！」
　みんなの意見を聞いた私は、気持ちがすぐに切り替わっていました。

> 僕もみんなと一緒で、本当はこの新しいフェス型プレイデーをやりたいんだよな。みんなでやりたいってがんばっていたもんな。ここで開催を延期したとしても、そのときに今度は別のクラスでコロナが広がっていたとしたら、さらにまた延期せざるを得なくなる。それなら、やれるクラスからやっていったほうがやっぱりいい。それに5歳児以外のクラスの子どもたちや保護者さんたちは、まだ登園自粛にもなっていないのだから、やっぱりやれるならやりたいと思っているはず。5歳児クラスの子どもたちや保護者さんは、こんな状況だからきっと延期を理解してもらえるだろうし、やっぱりやろう！

不思議ですね。気持ちが切り替わった途端、保育者たちの言っていることの方が理にかなっていることにも気づきました。また何より、私も本当はみんなと同じ想いであったことに気づかせてくれたのです。

6 フェス型プレイデー開催までの道筋を振り返って考えたこと

改めてこの取り組みを振り返ると、見えてくるものがありました。私たちは通常、人と意見や考えが違うとき、自分の意見や考えを固持するあまり、相手の意見や考えをなかなか受け止めにくいのではないでしょうか。

しかし、今回の私と保育者たちとの「ずれ」はうまく修正され、結果、よい方向に行きました。それは、なぜか。私は、そこに一つの大事な条件がある気がしています。

それは、私にも保育者たちにも「この新しいプレイデーの形をやりたい。成功させたい」という共通の想いがあり、私はそこに気づいたからではないかということです。

2023年度フェス型プレイデー（0・1・2歳児）の様子

2023年度フェス型プレイデー（3・4・5歳児）の様子

私たちはこれまで、保育の現場でたくさんの「ずれ」に出会ってきました。そんなとき、私も含め、みんな自分の信じる意見や考えを固持するあまり、そもそもともに何を目指していたのかを忘れていることが多かったように感じます。でも実は、「ずれ」が起きるのは、目指すものが互いに違うのではなく、そのやり方のほうではないかなと思うのです。

このような場面に出会ったとき、みんなで一度立ち止まり、互いが同じ想いをもっていることに気づき合えたなら、きっとその「ずれ」は楽しめるし、受け入れられると思います。

そうすれば、きっと保育はうまくいくと思います。

事例4の保育のPOINT
あれ？ みんなと自分の考え、「ずれ」ている？
気づいて立ち止まることから次が生まれる

宮里暁美

園行事を実施する際に、園長として決断を迫られるときがあります。この事例は、コロナ流行を受けて5歳児クラスが登園自粛となり、園行事をどうするかという判断を下した場面の事例です。「普段のことなら保育者たちの考えを大事にしている筆者ですが、こういう時は園長が決然として判断を下さなければならない」という思いから、園長である筆者が「延期」の判断を下します。ところが、それに対して反対の意見が出たのです。筆者は思いがけない事態に驚き、立ち止まりました。そこから豊かな実践が展開していきます。「ずれ」から、豊かな実践を導き出すことができた理由を以下にまとめます。

しばらくジタバタする

一人の保育者が反対意見を出した時、筆者は一人だけの意見だと考えていました。あるいは、全員ではないとしても、誰かは自分に賛成する、と考えて筆者はみんなの意見を聞きました。そこで、全員が反対の意思表明をした時に、筆者は驚きつつも「そうなんだ」と納得します。一人の意見では動じなかった筆者が、みんなの意見を聞き、「そうなんだ」とそれを受け止める。この姿勢がとても大切です。しばらくジタバタする、その姿勢のなかに誠実さが見えます。

気持ちが切り替わると、全部よくなる

筆者は「気持ちが切り替わった途端、保育者たちの言っていることのほうが理にかなっていることにも気づきました」と言っています。そして「本当はみんなと同じ想いであったことに気づかせてくれた」とも言っています。園長という立場で、重要な決断を下しているように見えて、実は心の中には違う思いがあった、その思いが開放されたとき、保育者たちと園長との間の「ずれ」はなくなったのだと思われます。

新しく作り出しているワクワク感を共有する

初めてのフェス型プレイデーを実施するにあたって、筆者のなかには「確固たる自信」みたいなものがあったと言います。新しい形のプレイデーは、これまで子ども主体の保育を目指してきた自分たちの想いと合致するものだという自信です。そして、この気持ちの奥には、保育者たちと自分との間に生じた「ずれ」を解消し共に歩んでいる、という喜びがあるように思います。

「新しいプレイデーは親子できっと楽しんでもらえるだろうから早くやりたい！ というワクワクした思い」という筆者の言葉には、喜びとともに、保育者一人ひとりへの信頼と称賛のようなものを感じるのです。

事例5　鶴見大学短期大学部附属三松幼稚園（神奈川県横浜市）　3〜5歳児／12月

子どもたちの今を伝える「あそび展」
「こどもたちのあそびつくる世界展」

　日々の保育で大切にしていることや、子どもたちの魅力的な遊びの様子がどうすれば保護者により伝わるか…。「こんなにおもしろい子どもたちの日々の姿をもっと伝えたい！」という思いから、毎年行っている「こどもたちのあそびつくる世界展（以下"あそび展"）」の見直しを行ってきました。
　年齢やクラスごとにそれぞれの遊びを、痕跡や写真、担任の言葉や思いを添えて展示を行うことで、「よ〜く見ないと気づかないような小さなこと」も大切に伝える保育のあり方が詰まった行事です。

1 「あそび展」に込めた思い

　日々おもしろいことが生まれる幼稚園。その『おもしろい！』は形に残るものだけでなく、遊びのなかの小さなところに隠れています。残らないものをどう保護者に伝えていくか…。「あそび展」では、遊んでいる形跡のある場所に、様子がわかる写真やおもしろエピソードを掲示するなど、注目してもらえるよう工夫して展示を行っています。
　3歳児の4月は涙々からのスタート。はじめは自分のことで精一杯だった子も、クラスの生活に慣れてくると、友達のことを気にし始めたり、一緒にいることが嬉しかったり、先生の真似をして張り切ったりと、だんだんにたくましくなり、その子ならではのかわいさやおもしろさが見られるようになってきました。そんな姿を写真に撮っておき、特徴をとらえた簡潔なコメントとともに展示しました。
　4歳児は進級し、新たなクラスでのスタート。新しい環境に少し緊張し、不安で涙が出る子も…。でも、幼稚園生活2年目の子どもたちは楽しいこと

を見つけるのにそれほど時間はかからず、年少のとき一緒だった友達がいるだけで安心したり、年少で楽しんでいたことをまた新しいクラスで試してみたりする姿が見られます。少しのきっかけからごっこ遊びが始まり、なりきりグッズを担任と一緒に作ったり、思い思いの謎の道具を作り出したり、またそれらを使って友達と遊ぶことが嬉しかったり、年少の頃より少し大きくなった子どもたちの姿や遊びを展示します。

　5歳児は、より物事にこだわって何度も何度も試したり、身近なものを使ってリアルに表現しようとしたりします。仲間同士のやり取りも増え、お互いに刺激し合い、遊ぶ姿に年長らしさが現れます。お互いに得意なことや好きなことを楽しみながら遊びが変化し、大人では思いつかないようなおもしろい方向に展開したりして、進化していくのも年長ならではの特徴です。そのような様子を展示すると、あそび展当日、子どもたちが保護者に一生懸命自分たちの遊びや作ったものを話す姿も見られます。

2 「あそび展」の様子（3～4歳児）

　年少児、年中児では保育の中で撮影してきた写真の中から、その子らしさがあふれている写真を数枚選び、コメントとともに飾ります。

（1）絵の具遊びで塗りたくって穴が開いた画用紙

　初めての絵の具の遊び。好きな色を選び大きな画用紙いっぱいに塗りたくり、画用紙の上で色が混ざるのを楽しんでいました。

（2）遊びの中で生まれるクスっと笑えるエピソード

たくさん塗りたい！夢中になる子どもの姿をありのまま！

　ブロックに恐竜ごっこ、工作、それぞれが好きな遊びに夢中になるなか、自分で作った銃を片手に外にいる敵!?　をねらうスナイパーが！　年少のクラスは日々クスッと笑えたり、友達同士のほっこりしたりするエピソードにあふれています。

ブロックで作った銃で敵を
ひそかにねらう

（3）4月は泣いていたRくん

　入園当初は、朝来るとママの後ろに隠れ、"ギュ"をしたり"バイバイ"をしては、「もどってきてー！」と泣きながら何度も何度も「バイバイ」と手を振っていたRくん。次第に幼稚園での楽しみを見つけ、ママとのバイバイルーティンは短くなり、笑顔で登園してくれるようになりました。ママの自転車を園庭で見つけると、乗っていた三輪車を隣に停められるよう駐輪場を作るRくん。やっぱりママが大好きです。

ママと一緒がいい！

（4）一人ひとりの記録
　　その子らしさを遊びの痕跡や写真で伝えよう！

　年少・年中組では、保育の際に撮影してきた写真の中から、その子らしさがあふれている写真を数枚選び、コメントとともに飾ります。

（5）始まらない映画館

　椅子を並べお客さんを呼ぶ準備はばっちり！　ポンポンを椅子において何やら始まりそうで始まらない。これって何？　もしかして参加型の映画館？　でもなかなか始まりません。映画を上演することよりも、映画館らしさを作り出せたことが嬉しくてたまらない様子でした。

お客さんが来てやる気満々!!なかなか始まらず、ずっと待ってくれているお客さんたち

3 「あそび展」の様子（5歳児）

　年長組の遊びの特徴は、一人が思いついたおもしろいことが友達同士で広がり、アイデアが集まってどんどん変化し進化していくことです。私が担任

した年長ふじ組のクラスでは、1学期からさまざまな遊びが生まれては変化し、環境を工夫することで大きくなる遊び、消えていく遊び、つながる遊びがありました。

　ふじ組の保育室は他の保育室より少し狭く、広い廊下を活かして遊べないか、子どもたちと話し合いながら遊びの環境を作ってきました。そうしたなかで始まった『はとごー（鳩号）』という本屋さんのエピソードを紹介します。

（1）大人との会話を楽しむHくんのこと

　話をすることが好きなHくんは、年中の頃はよく職員室に行って園長や事務の先生との会話を楽しんでいました。外遊びに行っても、気づくと職員室の先生に会いに行き、大人とのかかわりを楽しむ姿がありました。

　当時のクラスの担任とHくんの話をよくしていたため、「おもしろそうな子がいるなぁ、年長になったら彼の話を聞いてみたいな、仲良くなりたいなぁ」と思っていました。進級してふじ組になり、やはり最初の頃はこっそりクラスを抜け職員室へ向かう姿が…。「彼の好きなことは何だろう、夢中になれることが見つかるといいな」と感じていました。

（2）小さな絵本屋さんのことが話題になる

　Hくんは京急電鉄が好きで電車に詳しく、「先生の最寄り駅○○なんだけど…」などと話していると、京急線の話からよく自分のことを話してくれるようになりました。休みの日には京急に乗ってよく出かけるようで、そこで出会ったカフェもついている小さな絵本屋の話を教えてくれました。物知りな彼は、折り紙を半分に折り何枚かをホチキスでつなげた手作りの本を作って見せてくれました。

　そこで「Hくんだけの絵本屋さんに置いたらどう？」と彼に提案してみると、「あ、いいことおもいついた」と、保育室にある小さな木の棚に自分で作った本を並べ始めました。

（3）本屋の名前は『はとごー』

　店の名前は、『はとごー（鳩号）』に決定！　本当の店の名前（つばめ号）にかけてそうしたらしい。手作り絵本の他におばけの絵本があり…。本屋を作り続ける彼の元に「こんなたなもあるよー！」と案を寄せる友達。彼のおもし

ろさはすぐに周りの子に伝わり「ほんはいくらにする？」と、次の日からコツコツと絵本を仕分けし値札を付ける子が加わったりしながら、彼は黙々と京急に関する手作りの本を作り続けるのでした。

「こんなのはどう？」とHくんに声をかけ手伝ってくれる友達

（4）本屋『はとごー』の引越し

　ふじ組の保育室では他の遊び（132ページの事例12で紹介）や工作などがたくさんあってスペースがあまりなかったため、広くみんなの目につきやすい廊下にお店を移動しました。すると、もともと廊下で警察署を作って遊んでいた子も『はとごー』の手伝いをしたり、警察署の設計図を書くことをHくんが手伝ったり、お互いに興味をもちながら遊ぶようになりました。

（5）本屋の隣を手作り電車が走る！

　本屋『はとごー』を作るきっかけになった本物の本屋さんも電車が近くに通っている！ということから、廊下に線路作りが始まりました。もともと電車が好きな友達が多く、お父さんが相鉄線の駅員さんをしている子もいて、家で駅の看板を書いてきたり、京急電鉄を好きな子がダンボールで電車を作り始めたり、遊びはどんどん広がっていきました。

（6）人力券売機！　本物の券売機を真似て作りました

　電車を作ったら、券売機がないことに気がつき作ることに。園内にある券売機を見本に作り、お金を入れるとダンボールに小さく入った駅員さんから手動で切符が出てくる仕組みです。

「どんどんきっぷがでてくる～！」

廊下には電車も走り、街のようになっていきました

（7）遠足で行く水族館の
　　オリジナル図鑑を製作中

　11月には八景島シーパラダイスへ遠足に行きます。遠足の当日だけでなく、行くまでの時間を子ども達と楽しめるようにどんな生き物がいるか調べると、さっそく好きな魚の写真を切り、オリジナルの魚図鑑作りが始まりました。『はとごー』に並べたり、当日は自作した図鑑を見ながら遠足を楽しんだりしました。

みんなで作った図鑑は『はとごー』に並べ、お客さんが見えるように

「いらっしゃいませー！」と園長をご招待

（8）『はとごー』の
　　取り組みを振り返って

　あそび展当日は、クラスや学年の垣根を越えてそれぞれのおもしろさを担任やその場に居合わせた子ども達と話しながら楽しむ親子の姿がありました。

　初めて園に来る方もたくさ

「ずれ」に気づくことで行事・環境・計画が新しく生まれ変わった14の取り組み　　81

んいて、その中の一人がHくんの『はとごー』に感動して、帰り際に、その元になった絵本屋（つばめ号）さんをわざわざ訪ねたそうです。その店を真似て本屋を作っていたHくんのことを店の方に伝えたところ、とても驚き、感激していたそうです。

4「あそび展」の取り組みからわかること

　子どもたちの小さな発見や挑戦を大事にし、見に来てくれた人たちがそのことをおもしろがったり子ども達の日々の姿を思い描いて楽しめたりするのが「あそび展」のよいところです。

　どのようにすれば見に来てくれる方々に子どもたちの素敵さを伝えられるか、毎年試行錯誤してきました。保育のなかで撮影した子どもたちの夢中になっている姿や、今子どもたちが楽しんでいる遊びの形跡や、ごっこ遊びに隠れた工夫やこだわりを一緒に味わってもらえるよう、ピタッとくるような一言を考え添えたり、あそび展に来られる方々の目に留まりやすいようどこにどんな遊びがあるのかマップを作ったりと、展示の工夫を行ってきました。

　たとえ遊んでボロボロになっていたとしても、子どもたちが日々遊んでいる環境をそのままに残しつつ、その経緯を少しでも感じてもらうようにしています。

　「あそび展」がこのように変化した一番の理由は、保育の変化でした。見栄えを気にして作らせた作品ではなく、思いもよらない方向に進んでいくごっこ遊びや、こだわりながら夢中になって遊んだり作ったりしている姿、そんな子どもたちの姿を届けたいという思いで行事も変化してきました。

　展示の仕方や内容も、子どもの遊びが変わるわけですから毎年違います。日々の保育のなかで子どもたちの遊びにとことんつき合い、発見やこだわりを一緒になって楽しんだり、考えたりしながら、そのおもしろさを届けるのが「あそび展」です。子どもたちがおもしろがる遊びっぷりを、大人も子どもの目線になって一緒に楽しめるような掲示の仕方を今後も大事にしていきたいと思っています。

事例5の保育のPOINT
「作品展」から「あそび展」

宮里暁美

　三松幼稚園では、これまでの保育のあり方を見直す中で「これってどうなの？」ということが次々に起きてきます。その一つひとつに真摯に向き合い、「こういうことかな？」「こうしてみようか！」と取り組んでいくうちに、「作品展」が「あそび展」に生まれ変わっていきました。「これまでの当たり前」と「子どもがしていること」の「ずれ」に向き合って創りあげた「あそび展」の実践のなかで大切にされていることをあげてみます。

「始まらない時」を大事にする

　4歳児のエピソードに「なかなか始まらない映画館」が出てきます。眼に見えるものにのみ価値を置くのではなく、今まさに生まれ出ようとしているものを大切にしている姿勢がうかがえます。「始まらない時」は、「始められない時」なのではなく、実は、「次の一歩を考えている大切な時」なのだと思います。そこに眼差しを向け、あそび展の中に位置づけていることに大きな意味を感じます。

それぞれの物語に心惹かれる

　一人ひとりが感じていることを大事にしていくと、そこには、それぞれの物語が生まれます。一つの大きな物語を描く保育ではなく、それぞれの物語が重なり合って生まれるオムニバスのような保育です。丁寧に描かれたそれぞれの物語に心惹かれます。「大人との会話を楽しむHくん」が、その後「本屋さん」を始めていくのも、見方を変えれば必然なのかもしれません。

大人が子どもの目線になり一緒に楽しむ

　「あそび展」の取り組みの中で大切にされていたのは「大人が子どもの目線になって一緒に楽しむ」ということでした。「展示物を見る」という静的なかかわりではなく、あそび展に参加し、共に楽しみ、感じるという新しい展示の仕方を提案しています。しかし、大人が子どもの目線になることは容易ではありません。園が伝えたいと思ったことが、保護者にまっすぐ伝わっていくためには工夫が必要だと考えます。

　そのために、三松幼稚園でも試行錯誤を重ねたと言います。そのなかで見出された「展示する写真にピタッとくるような一言を添える」「どこにどんな遊びがあるのかを示したマップを作る」「遊んでボロボロになっていたとしても日々遊んでいる環境をそのままに残す」などの方策は、なるほど！と思わされるものばかりです。子どもを真ん中に置いて、保護者と保育者の思いが一致するように心を配りながら、ていねいに創り上げられることに意味があるのだと思います。

事例6 文京区立お茶の水女子大学こども園（東京都文京区）　　3歳児／2月

「表現遊びの会」って何だろう？
「はらぺこ商店街」の物語

> 　3〜5歳児クラスでは、年度末にかけて日々の遊びや生活を保護者の方々に紹介する行事（通称『表現遊びの会』）があります。3歳児クラスの子どもたちは食べることがとにかく大好きです。昼食で食べるおにぎりを自分たちで握る、バターを牛乳から作るなどの食育を楽しみ、給食のおかわりもたくさんするなど、食に対して興味があるクラスだったので、表現遊びの会のテーマを『食』にしたい、と担任たちは考えました。しかし、子どもの思いはそれだけではなかったのです。子どもたちの動きやつぶやきに寄り添いながら生まれてきた事例です。

1　表現遊びの会だから「劇遊び」では、子どもの気持ちとずれるかもしれない…

　担任間で話し合いを重ねるうちに、「おむすびころりんなどの劇遊びは！」という意見も出ました。おむすびというワード、楽しい雰囲気になりそうなねずみとおじいさんの宴会シーンに心が揺れましたが、子どもたちの今の姿と照らし合わせて考えてみると「おじいさん役、ねずみ役などと役を決める劇を楽しめるのだろうか？」という思いが浮かびました。劇遊びは、子どもたちの今の心もちとは、くい違っているような感じがしたのです。なんだかこじつけになるような気もして、劇遊びをやるという案はなくなりました。

　そこで、子どもたちは、今一体何を楽しんでいるのか、子どもたちの日々を振り返ってみました。元々、ままごとコーナーで料理を作ったり、お客さんを招待してレストランごっこをしたりして遊んでいたことを思い出しました。ちょうどその時期に、4歳児クラスのお店やさん遊びに興味を示し真似て楽しんでいる姿も多く見られました。「子どもたちが好きなこと、楽しんでいることは食べ物に関するお店やさんだ」という結論に至り、『はらぺこレストラン』というテーマで表現遊びの会を行うことに決まりました。

2 商店街作りが始まる

(1)「どんなお店を開きたい?」と聞いてみる

　さっそく子どもたちにも、表現遊びの会というものがあること、そこでいろいろなお店屋さんを開き、保護者の方々を招待してみるのはどうかということを相談してみました。「パフェを作ってママにあげたい!」「お団子屋さんになりたい!」と子どもたちからやりたいお店が次々にあがっていきました。「お客さんがいっぱい来ると思うから、いっぱい準備したい」という声もあがり、普段の遊びのなかで使っていた食べ物に見立てたものの他に、作り足すことにした子もいました。そうしてさまざまなおいしいものを売るお店が増えていきました。

やりたいお店の準備に夢中!

(2) 準備がどんどん進んでいく

　食べ物を作るだけではなく、どのように持ち帰ってもらうかという意見もあがり、透明なパックを用意したり「かき氷を食べるときはスプーンが欲しいな!」など、叶えたいイメージを言葉にしたりして、自分たちで形にしようとする姿が見られました。

　「看板があればもっといいよね!」という子どもたちの声から看板作りも始まりました。大きな画用紙にクレヨンで色を塗ったり、「メニュー書くの手伝って!」と保育者と一緒にメニュー表も作ったりと、部屋のあちこちでカラフルな看板やメニュー表が完成していきました。試しに部屋の壁に飾ってみると、なんだかさらによい雰囲気に! それを見た子どもたちは、もうすぐ始まる『はらぺこレストラン』に期待と楽しみな気持ちがぐんと高まったような表情に見えました。

ピザ屋の看板作りのひとコマ。「ここにピザがあるとわかりやすいかも!」

（3）みんなの様子をじっと見ていたSくんのつぶやきを聞く

　そんな中、みんなの様子をじっと見ているSくんがいました。Sくんが一人でベンチに座ったタイミングで、「何がやりたいかな？」と保育者は聞いてみましたが、返事がありません。かき氷やお団子など、クラスの子たちが作っていた食べ物を伝えてみますが、どれも首を横に振ります。何かが違うんだな、と思いながら待っていると、「僕はさあ、忍者がいいんだよ」というつぶやきが聞こえました。

　Sくんは、年長児や年中児たちが表現遊びの会で忍者になった姿にとても憧れていて、年中児が作った忍者屋敷の場所に遊びに行ったり、年長児と一緒に忍者の剣を作ったりしていました。そして、今度は自分たちが表現遊びの会をやることを知ると、「僕は忍者になるんだ！」と意気込んでいたのでした。Sくんのつぶやきから忍者へのこだわりを強く感じ、「じゃあ、忍者の剣をたくさん作ってお店にするのはどうかな」提案すると、Sくんはぱっと明るい表情になりました。

（4）SくんもRくんも忍者になる！

　すぐに剣作りが始まり、作りたい剣の色や形を聞き、保育者が段ボールやビニールテープなどの材料を提案すると、「長いのも作ろうかな」とさまざまなアイデアを出しながら作っていきました。

　忍者の剣を作るSくんの姿を見て、Rくんが興味をもってやってきました。Rくんは、Sくんが作る剣とは違う形ではあるものの、同じ忍者の武器をイメージして傍らで作り始めました。SくんもRくんが自分と同じように忍者のお店を作ろうとしていることを嬉しく感じているようで、作った武器について語り合ったり、一緒に作ったりして共に活動するようになっていきました。

（5）いろいろなお店があるから『はらぺこ商店街』だね！

　同時期にクリスマスプレゼントで手回しごまをもらったことから、こま回しの遊びが盛り上がっていました。友達とこまで遊ぶなかで、偶然に生まれたこまの動きを見て「これは○○回し！」と技の名前を考え自信をもって回し始め、表現遊びの会が近づくといろいろなこまの回し方を披露したいという声も出てきました。

「こままわったよ！」

子どもたちのやりたい思いを受けとめたい気持ちはあるものの、「食べ物」というテーマにどこかとらわれてしまっていた保育者の思い込みを、子どもたちの「やりたい！」が覆してくれました。剣屋さんをやりたいという動きも出てきていたことから、食べ物のお店がいくつかある中に「剣とこまコーナー」ができたことで、『はらぺこレストラン』ではなく、素敵な『はらぺこ商店街』になることができたのです。

3 「はらぺこ商店街」の旗を作る！

(1) おいしい色ってどんな色？と聞いてみたら…

　表現遊びの会当日に大きな旗のようなものを飾るのはどうかというアイデアが保育者間で出てきました。元々、絵の具遊びが大好きな子どもたちです。さっそく子どもたちに投げかけてみました。

　白い布を目の前に広げながら、「おいしいものをここに描いてみるっていうのはどうかな？」と話すと、「やってみたい！」の声。「じゃあ、おいしい色ってどんな色だろう？」と聞いてみると、「オレンジ！」「茶色！」「赤！」「ピンクはどう？」といろいろな色の答えが返ってきました。

　子どもたちから出た色と、筆やローラーなどを用意していると、「なんだか甘い匂いがしてきた」「おいしそう！」と目を輝かせる子どもたち。すぐに筆やローラーを手に取り、白い布に色をのせていきました。

(2) 「形」ではなくて「色」で「おいしい」を表していた子どもたち

　この時、保育者である私はチョコレートや果物など『おいしいもの』の『具体的な形』を描くのかな？という漠然としたイメージをもっていました。しかし、子どもたちは白い布いっぱいにおいしい色を重ねていったのです。

　布は、白いスペースがなくなるほど、おいしい色で埋め尽くされました。「こんなに大きいおいしいものってなんだろう？」「これカレーみたい」「巨大チョコレートにも見える！」と子どもたち同士でも言葉が飛び交っていました。

　そうか、子どもたちは、この大きな布そのもの

「なんだかあまくておいしいにおいがしてきた！」

を『おいしいもの』としていたのか、と気づかされた瞬間でした。旗作りとして始めた絵の具遊びでも、私と子どもたちとの間でずれが生じていたのです。大胆かつ繊細な『おいしいもの作り』に、子どもたちがもつイメージの壮大さと、それを形にしていく力を感じて、なんだか胸が熱くなりました。

　乾かして完成した『おいしいものの旗』は、一番見えるところに飾ろうということで、子どもたちが書いた『はらぺこはっぴょうかい』の文字と共に正面ステージの壁に飾ることとなりました。自分たちが作った渾身の旗が飾られると、嬉しそうに見上げたり、パクッと食べる真似をしたりする子どもたち。またひとつ、自分たちのクラスを象徴する存在が完成したのです。

「おいしそ〜！」と言いながら色を重ねていきます

いいにおいがしてきそうな旗が完成しました！

4　はらぺこ発表会当日とその後

（1）大にぎわいの商店街

　待ちに待った当日は、お家の人や友達とお店屋さんごっこを存分に楽しみ

自分たちで作りあげたお店に
立つ姿は自信に満ちています

ました。お団子屋、パフェとジュース屋、ピザ屋、かき氷屋など、子どもたちのアイデアが光るさまざまなお店が並びました。テーブルを配置し、イートインスペースも設け、保護者と会話を楽しみながら手づくりのおいしいものを食べる真似をする姿がたくさん見られました。

　剣屋では、Sくんがたくさん準備しておいた剣をどんどん並べていました。お店屋さんが始まり、Sくんの母親がすぐに店にやってきて「どれがおすすめですか？」とたずねると、Sくんは嬉しそうに一つの剣を持ってきて特徴を説明していました。

　その後も、何人かの保護者が剣を見に来てくれました。その間もSくんはどっしりと店の前に居て「ここが自分の場所」という思いでいるようでした。Rくんも同じく剣屋さんの近くにずっといて、自分の保護者に作った剣を見てもらって喜んだり、剣を持って実際に使い方を見せたりしていました。

　保育者が二人の保護者に、彼らの忍者への思いや、お店を作るまでの姿を話すと、家庭でも剣や忍者にこだわっていた姿を教えていただき、互いに子ども理解が深まる機会となりました。

（2）発表会後にもひろがるお店屋さんごっこ

　発表会が終わったあとも、ままごとコーナーにお団子やピザなどの食べ物や、スプーン、ピザの鉄板などの道具も含めて保育室に置いておくと、朝登園してすぐにウレタン積木で場を作ってその中に道具を持ち寄り、「いらっしゃいませー」と張り切って店開きをしていました。用事があって発表会に参加できなかった子もいましたが、その子も道具や環境に興味をもって遊びに参加していました。発表会に参加していた子がベンチにお団子やかき氷などの食べ物を手際よく並べていると、当日いなかった子も一緒になって並べ始め、すぐにイメージをもって「こっちはピーマンが入っているピザだよ」「今温めますね」と店員さんになったり、お客さんとして食べ物を食べたりして、保育者や友達とお店の遊びを楽しんでいました。

　発表会で行ったお店屋さんの遊びが、普段からの好きな遊びに直結したものであったためか、当日参加した子と、そうでない子との遊び方に違和

発表会後もつながっていく遊び

感や差がなく、どの子も関心をもって遊びを楽しむことができていました。自分たちが作ったもので遊ぶ満足感や達成感を感じている子、友達がやっていることやおもしろそうなものを見つけて自分も遊んでみようとする子、さまざまな参加の仕方が遊びのなかにあって、それでも一緒に楽しめる雰囲気が発表会後の姿に見られていました。

5　実践を振り返って

　「レストラン」と題していたこともあり、保育者も食べ物のお店にイメージが傾いていましたが、SくんやRくんは忍者の剣にこだわっており、それを作り出そうとするときの姿はとても活き活きとしていました。彼らがやりたいことに行きついて一緒につき合えたことに安堵しつつも、保育者の認識や前提と、子どもの思いとでずれが生じていたことがわかりました。剣屋さんの提案をする際も、食べ物屋さんが連なる中に一つだけ剣のお店があってもいいのだろうか、という葛藤も少しありましたが、S児の忍者への思いや、こまをやりたいという声を「お店屋さん」という形で表現できるように「レストラン」から「商店街」に切り替えることで解決していきました。子どもの「やりたい」を保育者も悩みながら一緒に形にしていく過程であったように思います。

　保育者の考えや思い込みで進めるのではなく、子どもたちはどのようなことを考えているのだろう、子どもたちは今何を楽しんでいるのだろうということに真正面から向き合い、時には一緒に話し合いながら、保育者も楽しみ作り上げたことで、『はらぺこ商店街』という世界にたどり着けたのだと思います。子どもたち一人ひとりが当事者となって、そこに保育者も同じ気持ちをのせ、みんなで作り上げたものだからこそ、『はらぺこ商店街』後の姿のように、思いがつながっていったのだろうと感じました。

事例6の保育のPOINT
「やりたい」に寄り添うということ

芝崎恵子

　実践例を読んで、「はらぺこ商店街」に行ってみたくなりませんでしたか。きっと子どもたちの真剣な表情や笑顔が見られ、素敵な商品が並んでいたことでしょう。そして、保育者や保護者の方の笑顔もたくさん見られたのではないでしょうか。

行事の柔軟性

　「表現遊びの会」は日々の遊びや生活を保護者に紹介する会ということで、少し前には年中児が忍者屋敷を作ったことはSくんの発言からわかります。園で行事に向けて今年はどうしようかと保育者同士で考えるとき、過去の例を振り返ったり、今の子どもたちは何が好きかと考えたりしますね。今まで通りだとイメージもつかみやすく、安心な気もします。新しいことのチャレンジは大人にとっても大変です。しかし、この実践例はとにかく子どもの「やりたい」に寄り添うことを大切にしています。

子どもたちの今を考え、感じる

　年少の1年間、食に対して興味をもってきた子どもたちと劇をしようかと考えたとき、「こじつけ」になってしまいそうと考えた先生。その気持ちに子どもたちと重ねた日々を感じます。「はらぺこレストラン」について子どもたちから次々とやりたいことが出てきたのは先生の予想が的中したからだと思います。

「始まらない時」を大事にする

　先生の心の中の『やっぱりこっちだったな』という思いを『あれ？』と立ち止まらせるのがSくん。「僕はさあ、忍者がいいんだよ」とつぶやくSくんの中にある憧れは、保育を経験した人なら思い当たることがあるのでは。もしかしたら、少し無理にでも盛り上げればSくんも「レストラン」の一員になったかもしれません。でも、先生はSくんの思いの先にある忍者の剣を売るお店を提案します。生き生きと剣をつくる姿が魅力的だったのはRくんとのかかわりからもわかります。大人が食べ物というテーマにとらわれていたと気づかされる場面でした。本書のテーマである「ずれ」の中には大人が自分の考えにとらわれてしまったり、こじつけてしまったりすることから起こっていることもあると私も気づかされました。

保育の中で迷う時

　「はらぺこレストラン」改め「はらぺこ商店街」は子どもたちの成長を保護者に感じてもらえたことはもちろん、さらに日々の遊びを盛り上げるきっかけにもなっていったわけです。子どもたちと日々過ごしていく中で、どうしようと保育者が迷うとき、実は子どもたちに聞いてみることで方向性が決まることがたくさんあります。子どもたちの「やりたい」にはそれだけの力があると私は思っています。

事例7　文京区立お茶の水女子大学こども園（東京都文京区）　1歳児

環境やかかわり方を変えてみると
子どもが動き出すとき

　1歳児クラスの子どもたちは、表情やしぐさ、言葉などで、自分の思いを表します。言葉の数はまだ少ないですが、「こうしたい」「あれは何？」などの思いを行動で表します。1歳児の子どもたちの姿やつぶやきから、〈自分の思いと子どもの実態〉に気づき、環境やかかわり方を変えてみたことで見えてきたことについて3つ紹介します。

1 子どもが手を離すとき

　散歩のとき、子どもたちは周りの様子をよく見ています。気になるものを見つけるとじっと立ち止まったり、周囲から聞こえてくる音に耳を澄ませたり、段差を登ってみたりと、さまざまな楽しみを見つけながら歩いています。そのような子どもの姿からの発見です。

エピソード❶ 「アムアムアム」

　散歩先からの帰り道、子どもと手をつなぎながら「お腹すいたね」「今日の給食、なんだろうね」と言いながら歩いていると、Aちゃんがパッと手を離して走り出しました。思わず「あっ」と声が出そうになりましたが、周囲は車が通らない、安全が保たれた場所であったため、様子を見守ることにしました。

タンポポを取りに行く

　Aちゃんが走っていった先にはタンポポが咲いていました。真剣な表情でタンポポを手に取ると、一直線にカメが住んでいる池に走っていきました。どうしたのかなと思いつつ、後ろのほうから様子を見ていると、手に握りしめていたタンポポを池に投げ入れ「アムアムアム…」とつぶやき始めたのです。カメがパクパク口を開けている様子を見て「アムアムした」と嬉しそうに笑い、再び保育者の手を握って歩き始めました。

92

エピソード❶からわかること

　子どもとつないでいた手が離れるとき、無意識にハッとして手をつなぎ直そうとしてしまうことがあります。「車が来るかもしれない」「走り出して階段から落ちてしまうかもしれない」など、安全を確保しなくてはという意識があるからこそ、子どもがなぜ手を離したのかを考えることが意識の外に抜け落ちてしまいがちになります。

タンポポを手にカメの住む池へ

　実際、このときも一瞬「あっ」と言葉が出そうになりましたが、手を離して駆けていった子どもの背中から強い意志を感じ、言葉を飲み込んだのです。子どもがタンポポを手に取り、カメにあげている姿を見て「自分がご飯を食べたら嬉しいのと同じようにカメもご飯を食べたら嬉しい」「カメにもご飯をあげたい」という思いを感じました。それと同時に、「子どもが手を離すこと」について、手を離すという事象に目を向けるのではなく、その行為の裏にある思いにしっかりと目を向けないといけないと反省しました。

カメをじっと見つめる

　他の保育者ともこのエピソードを共有しながら、「子どもが手を離すとき」について互いに気づいたことや思っていることを話し合いました。その中で「子どもたちが手を離すことには意味がある」という思いが一致し、安全を確保しながらも、子どもの始めたことを見守ってみることに決めました。

　すると、それ以降「手を離したと思ったら、みんなで並んで黄色の点字ブロックの上を電車になりきって歩き始めた」「落ちている葉っぱの大きさを比べながら、手に持っている葉っぱがだんだん大きくなっていった」など、今まで感じることのできなかった子どもたちの世界が見えてきたのです。保育者の見方、感じ方、とらえ方ひとつで変わるのだと改めて考えさせられました。

タンポポとカメ

2　子どもが自ら動き出すとき

エピソード❷「水たまりとツツジの花」

　散歩先に行くと、前日に降った雨で大きな水たまりができていました。水たまりを見た瞬間、数人の子どもが「水たまり、あった！」「キャハハハ！」と嬉しそうに水の中に入り、バシャバシャと水しぶきをあげて遊び始めました。その様子を壁にくっつきながら、じーっと見つめるBちゃん。それに気づき、Cちゃんが「Bちゃんもやろう」と誘いましたが、Bちゃんは「イヤ」

と首を振りました。

　楽しそうな声につられて他のところで遊んでいた子どももやって来ると、その中の一人が手に持っていたツツジを水たまりに入れ始めました。水にツツジが浮かぶ様子を見て、他の子どもたちもツツジを取りに行き、水に浮かべ始めます。すると、じっとその様子を見ていたBちゃんがそっと水たまりに近づき、散歩の途中で見つけていたツツジを水に浮かべ始めました。

　水に入ったツツジはフワフワと漂い、その様子を嬉しそうに見つめるBちゃん。「もう一回」と言いながら、再びツツジを取りに行き、水に浮かべました。水に浮かべたツツジを手に取ってちぎったり、沈めたりするうちに遊びが大胆になっていき、水たまりで足踏みをしたり、走り抜けたりと楽しそうに声を出しながら遊んでいました。

エピソード❷からわかること

　楽しそうなこと、面白そうなことを見つけると誰かに知らせたくなり、一緒にやろうと誘いたくなります。ちょうどこのとき、私自身も楽しそうな子どもたちの声につられて水たまりに近づいていました。しかし、壁にくっついてじっとしているBちゃんが目に留まり、思わずその場で立ち止まったのです。

　Bちゃんの様子を見ていると、他の子に誘われても「イヤ」と言っていましたが、自分の好きな花と気になっていた水たまりが出会った瞬間に表情が変わり、イキイキとした表情で遊び始めたのです。この様子を見て、人によって出会うタイミングが違うこと、そして、それは他の誰かが決めるのではなく、自ら動き出す時を待つことが大事だと改めて感じました。

水たまりで遊ぶ子どもたち

みんなの様子を見つめるBちゃん

段々と遊びが大胆になって

3 物に思いを重ねて遊ぶ

　子どもたちが物と物を組み合わせて遊ぶようになってきました。この頃、ちょうど動物園に遊びに行った子どもが「カバ、泳いでた」「キリン、モグモグしてた」と話していたこともあり、木製の動物積み木を準備することにしました。動物積み木を準備している際にふと子どもの言葉を思い出し、ただ棚に置くのではなく池や木があったら片付けも楽しくなるかもしれないと考え、作り始めたときのことです。

エピソード❸「竜がいたらおもしろいんじゃない？」

　画用紙で池を作っていると、4歳児クラスのDちゃんが「何してるの？」と見に来ました。「画用紙で池を作っているのよ。ほら、動物たちも池があったら楽しそうじゃない？」と返すと「そっか！いいね、それ」と笑顔になりました。そしてすぐに「あっ！いいこと考えた」と言い、「ねぇ！竜がいたらおもしろいんじゃない？」と棚を見つめながら話し始めたのです。

　竜と聞いて少し驚きながらも「いいね！おもしろそう！」と返し、2人で必要な素材や道具を取りに行きました。

竜と雨のお化けが住む雨降る池

　Dちゃんは竜を作り、私が完成した池を貼っていると「池には魚がいるといいんじゃない？」「木の葉っぱはギザギザがいいと思う」「下に桜があったら素敵じゃない？」と次々とアイディアが出てきました。互いに話し合いながら作り、もうすぐ完成するかと思った瞬間、Dちゃんは置いてあった透明フィルムの切れ端を手に取って「あっ！いいこと考えた！雨も降らそう」と手を打ちました。

木登りや桜の花を楽しめる草原

　「えっ！雨？どうやって作る？」と保育者がたずねると「こうやって、ここにつけるんだよ」と棚の上部を指差します。「雨が降って、それがここに落ちて池になったんだよ」と言い、透明フィルムを切って試行錯誤しながら3本の雨をつけました。そして、最後に「これもつける。雨のお化けだよ」と竜

の傍にお化けを貼ると「これでよし！みんなビックリするかもね」と嬉しそうにできあがった棚を見つめていました。

　翌週、月曜日の朝、登園してきた子どもたちは、いつものようにそれぞれ遊び始めました。しばらくすると、棚の前に一人の子がやって来て「かわいい…」とつぶやき、棚に貼ってある桜の花びらをそっとなでていました。そして、すぐ近くにいた動物を手に取り動かし始めると、上からぶら下がっている雨に気づきました。そっと手を伸ばし雨に触れると「キャハハ」と声を上げて笑っていました。その後もしばらく棚の中の世界に浸って遊んでいました。

エピソード❸からわかること

　最初、遊んだあとに片付けるのが楽しくなるような環境を作ろうと思い始めたところ、4歳児の子どものアイディアと工夫が加わることによって想像以上におもしろい環境へと変化していきました。実際に1歳児クラスの子どもたちはどのように使うのか見ていると、棚から動物を出して遊ぶのではなく、棚の中で動物を動かしながらじっくりと遊ぶ姿が見られました。それは、当初自分自身が意図したこととは違うものでした。意図とは違う楽しみ方をする子どもたちの様子を見て、今までの「棚＝物を収納する場所」という概念が崩れ、「棚＝遊ぶ場所」という新しい概念が保育者自身の中に生まれました。

　子どもたちの発想の豊かさに驚きながらも、そこでどんな遊びが繰り広げられているのか見ていると、池の水を動物に「ゴクゴク」と飲ませてあげたり、木の葉っぱを食べさせて「美味しい」「モグモグ」とつぶやいたり、「おでかけいこう」と動物同士で話していたりと、自分の世界に入り込んで夢中になって遊んでいます。

棚が駐車場に変身

　物事をとらえる視点や考え方を一つ変えるだけで、棚という小さなスペースでも無限の可能性が秘められていることを子どもたちから教えてもらいました。その後、保育者同士で子どもたちの姿を共有し、棚の中を遊び場にする取り組みを広げていきました（例：車を止められる駐車場／電車が走れる線路など）。

事例7の保育のPOINT
環境やかかわり方を変えることで見えてくること

田島大輔

子どもが手を離すとき

　1つ目のエピソードは、散歩中の子どもの行動です。普段、保育者は子どもの安全を第一に考え、手をつなぎ直すことが多いですが、今回は子どもの行動に意図があることを感じ、その行動を尊重しました。そのことで、子どもが自分のペースで物事を進めることの大切さを実感しました。このエピソードを他の保育者とも共有し、話し合いますが、そのなかで、「子どもが手を離すことには意味がある」という共通の理解が生まれ、以降は安全を確保しつつ、子どもたちが自ら行動を起こす瞬間を見守る姿勢を大切にするようになりました。その結果、子どもたちの新たな一面を発見することができ、保育者の視点や考え方が変わるだけで、子どもたちの世界がより深く理解できることがわかりました。

子どもが自ら動き出すときとは

　2つ目は、子どもが自ら動き出す瞬間に出会えたエピソードです。Bちゃんを見て、人にはそれぞれ動き出すタイミングがあることを再認識しました。他の子どもたちと違い、自分のペースで遊びに加わったBちゃんの姿を見て、無理に誘うのではなく、本人のペースに合わせたかかわりが大切であると感じます。子どもたちが自分のペースで動き出す瞬間を尊重することが、自発性や主体性を促すうえで重要であることを再確認しました。

また、子どもたちが自分のペースで遊びや学びを深めることを、見守ることの大切さを改めて考えさせられました。

片付けではなくて遊び

　3つ目は、片付けのとらえ方を変えることで見えてきた新たな発見です。子どもの意見を取り入れることで、環境づくりがさらに進化しました。棚はただの収納スペースから、物語が生まれる遊び場へと変わりました。結果的に、子どもたちは棚の中で動物たちを動かしながら遊ぶようになり、まるで小さな世界を作り出しているかのようです。この経験から、環境のとらえ方を少し変えるだけで子どもたちの遊びが無限に広がることを学びました。また、この取り組みを他の保育者と共有し、棚を遊び場にするアイデアをさらに展開させていくことで、保育が豊かになりました。棚の中に駐車場や電車の線路を設置することで、子どもたちの遊びの幅がさらに広がり、彼らの発想力を一層引き出すことができたのです。

　環境やかかわり方を少し変えるだけで、子どもたちの創造力や自発性が引き出され、保育の見方・とらえ方が変化することを学びました。保育者として、子どもたちの発想や行動に柔軟に対応し、それを尊重することで、彼らの成長を支えることができると改めて感じられる事例です。

事例8　上飯田幼稚園（神奈川県横浜市）　3歳児／7〜3月

子どもたちと一緒に環境を変えてみた！
お部屋の中、どうする？

　園舎の建て替え後、試行錯誤しながら環境を変えていくなかで、作ったものや遊びを残しておきたいけれど、給食の時に片付けないといけないということに悩みました。それを他の職員に相談すると、「給食ってお部屋で食べなくちゃいけないの？」という一言が。そこから、給食をあえて部屋で食べられない環境を子どもたちとサークルタイムを重ねて作っていった物語です。

1　年少児の部屋の環境

　年少児は1つの部屋をそれぞれのクラスのロッカーで分けて2クラスで過ごしています。部屋の真ん中にはカーテンがあり、視覚的に分けることはできますが、壁はないのでカーテンをしても隣のクラスの様子がある程度わかります。担任自身も子どもたちも初めての経験・環境で、部屋を走り回ってしまう子どもがいたり、クラスでの活動をしていても落ち着かない子どもたちもいます。子どもたちが、落ち着いた環境で自分の遊びたい遊びに取り組めるような環境に変えていこうと思ったのがきっかけです。

4月当初の保育室

2　入園当初の環境

　幼稚園に慣れることに重きを置き、部屋の端におもちゃなどのコーナーを作り、真ん中のスペースで遊べるようにしました。給食は部屋の真ん中にテーブルを並べて食べていました。

入園当初の保育室の様子

98

3 ごっこ遊び・廃材遊びの始まり(5月・6月)

　少しずつ幼稚園生活に慣れ始めた子どもたちは、ままごとの道具を使ってごっこ遊びを楽しむ姿が多くみられるようになってきました。ままごと遊びのために子どもたちが作ったドレスを、子どもが自分で取れるように飾りました。

子どもたちが作ったドレス

　6月に入ると、担任が出すタイミングを考えて保育室の棚に収納していた空き箱や空き容器などの廃材が子どもに見つかったところから、廃材遊びが始まりました。担任としては計画をしたうえで廃材遊びを始めたかったため、少し焦りもありましたが、子どもたちが興味をもつきっかけとなったことから、部屋の一角に廃材遊びのコーナーを作ってみることにしました。

ひょんなことから始まった空き箱の廃材遊び

　目的をもって遊ぶことができるようになってきている姿が少しずつ見られてきていたものの、廃材遊びやごっこ遊びの傍ら、保育室内を縦横無尽に走り回る子どもたちの姿もありました。

　どのようにすれば子どもたちが落ち着いた環境で遊べるのか、日々悩むなか、少しずつ保育者と一緒に廃材遊びを楽しめるようになってきた子どもたち。一方で、担任としては昼食のことを考えると、子どもたちが廃材遊びなどで遊んだものや作ったものを"片付けなければならない"ということに悩み始めました。そんなとき、夏休み前に研修会や保育のことで話をする職員会議がありました。そこで思い切って相談をしてみると、「お昼ごはんってお部屋で食べる必要ってあるのかな？」というアドバイスをもらいました。この一言を聞いて、あえて昼食を部屋で食べられない環境を作ってみようと思い立ったのです。

4 夏休み明けの環境(7月下旬)

(1) 今までの遊びをコーナー化

　夏休みが終わったら、子どもたちがそれぞれ自分の遊びを楽しめるように、夏休み前に子どもたちが楽しんでいた遊びをコーナーにして、「静の遊びができるコーナー」「廃材で作った電車や線路で遊ぶことができるコーナー」などを作ると、はじめのうちは子どもたちも夢中になって遊んでいました。電車が大好きで電車を走らせることが楽しくてしかたがない子どもたちは、気づくと電車を片手に部屋の中を走り出してしまいました。電車を走らせることができるよい場所はないかと考え、保育室を飛び出して、廊下に電車のコーナーを作ってみることにしました。

　同時期に、廃材遊びへの興味が広がっていたので、部屋の中の廃材コーナーも拡大し、以前は壁に向かって作っていたコーナーを、保育室が見渡せるようなレイアウトに変えました。

静の遊びのコーナー

廃材遊びコーナーの様子

(2) 廊下の様子は…

　廊下と部屋での遊びを分けることはできたものの、トイレに行く際に走っていた他の年齢の子とぶつかってしまうことがありました。少しでもケガを避けられるようにということと、廊下でかくれんぼをしている子どもたちが多かったため、廊下にテーブルを置き暗幕を掛けて隠れられるようにしたことで、子どもたち同士がぶつかることも減りました。

廊下で電車ごっこを楽しむ子どもたち

5 大きな段ボールの登場!!(8月)

(1) 段ボール…どうする??

保育者は、幼稚園で大きな段ボールを発見しました。トンネルみたいにして遊べそうだなと思い、今は廊下での遊びが広がっているから、段ボールは廊下に置こうかなと当初考えていましたが、あえて子どもたちに、どこでどのようにこの段ボールを使いたいのか聞いてみることにしました。子どもたちからは、「お部屋で使いたい！」「中に入ってみたい！」「なんかトンネルみたいだね！」という声が聞こえてきました。そこで、子どもたちと一緒に、部屋の真ん中に段ボールのトンネルを設置しました。

部屋の真ん中に段ボールトンネルを作りました

(2) 給食のテーブルが出せないけど…どうする??

サークルタイムのときに、「お部屋に段ボールのトンネルがあって、このままでは今までのようにお部屋でご飯が食べられない。食べるとしたら、廊下か1階にあるホールのような部屋のどちらかになる」ということを伝えて、子どもたちの意見を聞いてみると…子どもたちからは「廊下がいい!!」とのこと。それなら試しにやってみよう！ということで、試しに廊下で昼食を食べてみることになりました。

初めて廊下で給食を食べました

廊下で食べたときの子どもたちの様子は…
- いつもと違う場所ということもあり、食べ終わるのが早い！
- 食べ終わった子から部屋で遊ぶことができるので、食事と遊びを分けることができた！

→食べ終わっていない子のモチベーションにつながっている様子もあった

「ずれ」に気づくことで行事・環境・計画が新しく生まれ変わった14の取り組み 101

サークルタイムで、子どもたちに、「廊下で食べてみてどうだったか、明日からどこで食べたいか」と聞くと、「ずっと廊下がいい！」という声ばかり！

　子どもたちの意見をもとに、保育後に保育室の中央に思い切って遊びのコーナーを作ることにしました。

6　部屋の大改造！(9月)

　部屋の壁際や窓際にあったおもちゃやコーナーを片付け、サークルタイムで子どもたちから出た意見を取り入れながら、保育室の真ん中にままごとや電車のコーナーを作りました。

　トンネル1つだけだと不安定ですぐに倒れてしまうかもしれないということを子どもたちに伝えると、ままごとコーナーと絵本の棚の間に段ボールトンネルを入れて安定させることになりました。

　今までテーブルが1台だった製作コーナーも、2台に増やし、今までの廃材コーナーには置いていなかったビニール紐などを置き、その時期の子どもたちが何を必要としていて、どのような素材を楽しんでいるのかを考えながら、廃材コーナーの見直しを進めていきました。

　子どもの遊びの様子に合わせて保育室の環境を変えていったことで、遊びのなかで、より子どもたち同士で広げられるようになったり、今まで一人遊びだった子も友達と一緒にかかわり合いながら遊ぶ姿が見られるようになっていきました。

9月の部屋の様子　　　　　　　　　　　　　　　　　クラスの友達とごっこ遊び

7 遊びに合わせた環境の変化

(1) ステージごっこの流行（10月）

　子どもたちの中で突然、流行りだしたインタビューごっこに使えるように、廃材でマイクを作ったところ、思いもよらず、音楽に合わせて歌うカラオケごっこが流行り始めました。それに合わせて小さな木の台を用意してステージのようにしたところから部屋の変化は始まりました。

ステージ遊びを楽しむ子どもたち　　10月の部屋の様子

　まずは、奥の窓際にステージのコーナーを作りました。ステージの隣には廃材コーナーを作り、廃材遊びに興味を示す子や、楽しめるようになってきている子どもたちがたくさん使えるように、壁際にも製作スペースを作り、保育者も一緒に入って部屋の中を見渡せるように工夫をしました。

　ままごとのコーナーでは、食べ物のおもちゃでBBQごっこを楽しむ様子が見られてきていたので、網を用意したことで子どもたちが遊びのなかでマシュマロやお肉などの料理を作るようにもなりました。

(2) 子どもたちと保育中にどのような環境にするのかを考えてみた（11月）

　隣のクラスで、テレビが入っていた段ボールを使ってお家を作っていたのを見た私のクラスの子どもたちから、「自分たちのクラスでも作ってみたい！」という声が上がりました。子どもたちと保育中に一緒に物の配置を考え、どこに何を置いたらみんなが楽しく過ごすことができるようになるのかを納得できるまで話し合い、その後に子どもたちと一緒に部屋の模様替えも行いました。

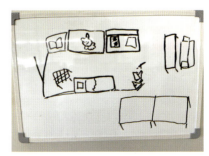

保育室の配置を子どもたちと考えました

段ボールハウス

　「ままごとで使うドレスを掛けられるように紐をつけてほしい」など、子どもたちのリクエストがたくさん詰まっている段ボールハウスです。

製作コーナーとソファー

　ソファーはままごとで作ったご飯を食べる場所ということに決まったので、他のテーブルと区別をつけるためにテーブルクロスを掛けました。

段ボールハウス

ままごとのご飯を食べるテーブル

（3）製作コーナーの見直し（12月）

　遊びのなかで子どもたちに何を使いたいと言われることが多くなったのか、保育後にゆっくり考え、子どもたちが何を必要としているのか、今製作コーナーに出ているもので使っていないものはないか見直しを行い、どのように配置をすれば使いやすいのかを考えました。

12月 製作コーナー

製作で子どもたちが使うもの

（4）生活発表会に向けての環境の変化（1・2月）

　遊びのなかで作ったものを家の人に見せたいという気持ちから、子どもたちはその日のうちに家へ持ち帰ってしまいます。そのため、幼稚園での遊びの継続や広がりがなく、悩んでいました。

　例年、2月に行われている生活発表会に向けて、子どもたちから「衣装を作ってファッションショーをしたい」という意見が出たため、作った衣装や道具を家へ持ち帰らずに、幼稚園に飾れるような環境を用意しました。

作ったものを飾るコーナー

8 子どもたちと部屋の大改造
　　第2弾（2月下旬）

　生活発表会を終え、子どもたちは年長クラスが行っていたお店屋さんごっこに憧れ、お店屋さんを作りました。それに伴い、子どもたちと、保育中に2回目の部屋の模様替えを行いました。

　子どもたちとホワイトボードに理想のお部屋を書き出し、いざ模様替えをしていると…子どもたち「これはこっちのほうがいいんじゃない？」と話し合い、ホワイトボードに書いた部屋の図とは少し変わりながらも、自分たちで考えながら模様替えを行っていきます。

　子どもたちの考えのもと、コーナーを作ってみると、お店屋さんと段ボールハウスが合体しました！

　私も予想していなかった結末に驚きましたが、子どもたちは自分たちの理想のお部屋になり、納得した様子でした。

子どもたちと理想のお部屋を書きました

子どもたちと模様替え

合体したお店屋さんと段ボールハウス

9 給食はというと…

　8月から廊下で食べ始めた給食。

　12月頃から廊下が寒くなり始め、子どもたちと話し合い、部屋にローテーブルを出して食べたり、子どもたちが好きなタイミングで食べられるようにしたり、日当たりのいいテラスで食べたり、さまざまな方法を試しました。

ローテーブルで食べる様子

部屋で食べている様子　　　　　　　　　　自分の好きなタイミングで食べている様子

　最後に子どもたちと部屋の改造をした時には、部屋の真ん中にあったままごとのエリアが窓際に移動し、部屋が広く使えるようになりました。
　子どもと話した結果、給食を部屋で食べることに。
　さまざまな場所でご飯を食べましたが、「やっぱりお部屋で食べるのもいいね！」という声が子どもたちから聞こえてきました。

10　実践を振り返って

　遊びのなかで子どもたちと悩んだことを、サークルタイムで他の子どもたちに投げかけてみたり、先生の悩み事も子どもたちにあえて投げかけてみたりすると、子どもたちから柔軟な発想が出てきました。「年少クラスでサークルタイムってできるの？」と考えていましたが、年少でもできるし、年少らしい意見が出てきておもしろかったです。サークルタイムでの子どもたちの意見は否定せずに受け入れることを大切にしていました。
　環境を少しでも変えることで、子どもたちの遊び方も少しずつ変わっていくことにも気がつきました。

事例8の保育のPOINT
問いをもち、語り合うことから物語は始まる

宮里暁美

　生き生きと遊ぶ3歳児クラスの物語です。子どもたちの姿に目をこらし、子どもたちの声に耳を傾けて保育を作り上げていくなかで、大事な物語が紡がれていきました。物語が生まれることにつながったと思われる要因をまとめます。

問いが次々に生まれてくる

　「どのようにすれば子どもたちが落ち着いた環境で遊べるのか」という問いを抱き、廃材遊びができるように環境を変えてみると、子どもたちは生き生きと遊び出しましたが、そこで遊んだものや作ったものをどうする？という次の問いが生まれました。昼食の時にはどうしても片付けなければならないという事態に直面し、どうすればいいのかという切実な問いです。

　このように子どものやりたい気持ちに向き合い保育を作り上げていくと、そこには問いが生まれます。子どもの思いを大切にする保育において、「問い」をもち「問い」に向き合うことは、とても大切だということがわかります。

問いや迷いを率直に伝える

　子どもたちとの生活のなかで試行錯誤を重ねた筆者は、夏休み前に研修会や保育のことで話をする職員会議で思い切って相談をしたといいます。すると、「お昼ごはんってお部屋で食べる必要ってあるの？」という問いが返ってきました。八方塞がりのような気分だったところに、新しい風が吹いたのです。なんて素敵な職場でしょう。

新しい視点を得て、のびやかに発想する

　思いがけない提案を受けて、そこからおもしろい発想が生まれます。それが「あえてご飯をお部屋で食べられない環境を作ってみよう」という考えです。「〜しやすい環境を作る」という当たり前の考え方とはかけはなれたものです。この考え方に基づき保育を展開し「給食を食べられないけれど、どうしようか？」と子どもたちと考え合う中で、「こうすればいいよ」が次々に出てきます。子どもたちが動き始めたのです。

子どもたちと、
居心地のいい場所をつくっていく

　「〜でなければならない」という考えから解き放たれたときに、保育者が拠り所としたのが「子どもの声」でした。子どもたちは環境を変えていく主体者です。一緒に場を動かし、迷うときには「どうしようか」と相談します。

　そのように暮らしているなかで、一度は廊下で食べていた給食でしたが、冬になり廊下が寒くなると、自分たちで考えて、あたたかい保育室で食べよう、と言い出したということも記録されています。子どもたちが主体的にかかわる生活、それがとても大切だということを学びました。

事例9　文京区立お茶の水女子大学こども園（東京都文京区）

3〜5歳児

給食のやり方を見直してみたら…
「暮らし」と「遊び」が織りなす生活

> コロナ禍、いかに安全に楽しく食事をするか、という課題に向き合い、環境や保育の流れを見直しました。そこで、「コロナ対策」がきっかけとなり、思い切った方法にチャレンジ。すると、思いがけない効果があがりました。「これしかできない」「それはできない」という思い込みから脱することの大切さを学んだ事例です。

1　オープンスペースで3〜5歳児66人が過ごす生活

（1）2016年4月に開園したこども園

　文京区立お茶の水女子大学こども園は、保育所型の認定こども園として2016年4月に開園しました。

　1階には0歳児から2歳児の保育室があり（図2-4）、2階には3歳児から5歳児の保育室があります（図2-5）。敷地面積には限りがあったため、2階は学年ごとの区切りがないオープンスペースの造りとなっています。

　今回紹介するのは、3〜5歳児が過ごす2階のスペースについてです。

（2）年齢ごとのスペースを大切にして過ごす

　オープンスペースのよさは、異年齢のかかわりが生まれやすいところです。子どもの「やりたい」気持ちや意欲を大切にする保育を行おう、という思いを共通にもちながら日々の保育を行っていきました。

　同時に、心がけていたことは、各年齢のクラスとしての育ちを大切にする、ということです。ク

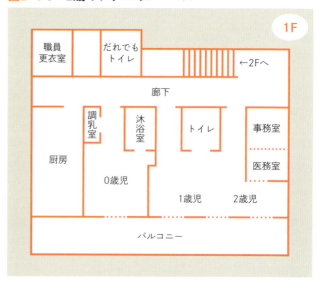

図2-4　0〜2歳のクラスのスペース

ラスごとに集まって話し合いをしたり、歌を歌ったり絵本を見たり、という時間を大事に積み重ねていきました。そのような生活のなかで、給食の時間はとても大切な時間でした。

3歳児クラスは11時20分頃、4歳児クラスは11時40分頃、5歳児クラスは12時頃と、若干時間差をつけながら、各クラスのスペースで美味しく食べる生活を重ねていました。

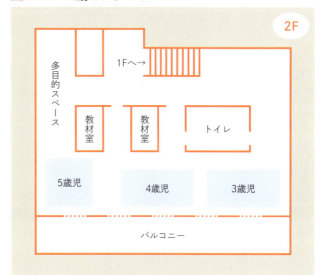

図2-5 3〜5歳のクラスのスペース

クラス毎のスペースで食事もとる

2階保育室の様子

多目的スペースで絵本の読みきかせ

3歳児スペースで食事の準備

10月の部屋の様子

2 2020年春、コロナ禍の保育が始まった!

(1) 安全で安心な保育をいかに展開するかを模索する日々

このようにして永遠に続くと思っていた生活ですが、否応なく見直すこと

が求められる日が来ました。2020年に始まったコロナ禍への対応です。

コロナ禍の保育は、これまで当たり前にしていたさまざまなことを見直すことから始まりました。「感染防止」の観点から見て「これはどうだろう？」という「問い」と、子どもたちの豊かな体験は守りたいという「願い」、この二つの間に大きなずれがあり、それが、私たちを悩ませました。

感染防止のために、室内の消毒や換気、体調管理などを十分に行い、そのうえで心がけたことは、戸外で過ごす時間を増やすことでした。室内で遊ぶときも、「集まる」という場面を極力少なくして、個々の取り組みを支えるようにしていきました。

（2）給食を食べる場をどのようにするかを検討する

このようにしてコロナ禍の保育を展開していきましたが、大きな課題は「給食」でした。「食」は感染のリスクが高まる場面です。同時に「食」は、子どもたちの心と体に喜びと栄養をもたらす大切な場面です。どのようにしたらよいのか、それを考え合ったときに出てきたのが、「給食を食べるスペースや方法を変える」でした。

次頁の図のように、クラス毎に別の場所で食べていた状態（図2-6）から、3歳児スペース寄りの場所で、同時に2クラスが食べられる机を用意して「レストラン」を作る、という取り組みを展開しました（図2-7）。

レストラン形式にした理由は、以下の通りです。

戸外でのびのびと過ごす

室内でじっくり遊ぶ

- 密にならない状況にするために、スペースが必要だった。
- 消毒を徹底するうえで、「食」のスペースを限定したかった。
- 学年によって、食事の時間にずれがあった。
- 登園を自粛する子どももいて、子どもの数が少なくなった。

このような理由のもと、共有の食事コーナーを設定し、そこで、11時30分頃から3歳児、11時45分頃から4歳児がまず食事をして、12時10分頃から

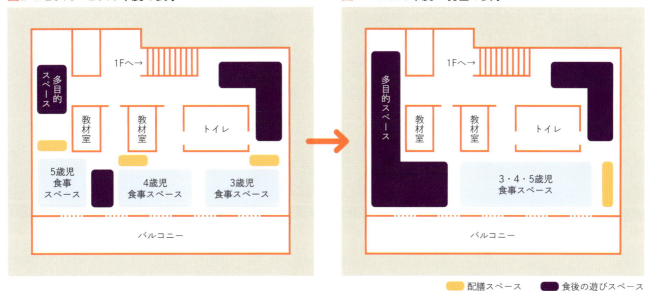

図2-6 2016〜2019年度の食事スペース　　図2-7 2020年度〜現在の食事スペース

■ 配膳スペース　　■ 食後の遊びスペース

5歳児が食事をとるようにしました。

　互いの距離を広げるために、食事をする机の間に台を置き、そこに花を飾りました。左下の写真はその頃の様子です。

　散歩に出かけたときに摘んできた花を飾ることで、外の生活と中の生活がつながっていくことを実感したりしました。アクリルボードも用意しましたが、その際も、ボードを立てる台をトラックの形にしたりして、楽しい雰囲気になるように工夫しました。

　配膳コーナー用テーブルも用意し、落ち着いて配膳できるようになりました（写真右下）。3か所で食事をしていた時は、それぞれに必要だった配膳コーナーですが、1か所になったことで使いやすくなりました。

花を飾って彩りに

配膳コーナー

「ずれ」に気づくことで行事・環境・計画が新しく生まれ変わった14の取り組み　111

（3）食べる場所を変えたことで引き起こされた思いがけない効果

　給食を食べる場所が安定するという予想通りの効果が上がりましたが、初めは想定していなかった効果もありました。給食の場を3か所に分けていたときと、1か所で行ったときに、実は、食後の遊びの様子が大きく変わったのです。

　前頁の図2-7をご覧ください。紫色のところが食後の遊びスペースです。とくに5歳児のスペースが安定して残っています。食事の時間が一番遅い5歳児は、他のクラスが食事をしているときに、クラスの活動をしたり話し合いをしたりすることができます。

　また、3、4歳児が食べ終わると、次は5歳児の食事の時間になるので、今度は、3、4歳の子どもたちが、5歳児の保育スペースで過ごすことができるのです。

　さらに食後は、その場所をきれいに掃除する必要があります。その場合も、ターゲットとなるスペースが限定されているので、取り組みやすいということがわかりました。

　これらのことは、やってみて気づいたことでした。コロナ禍への対応、ということに背中を押されて行ったことでしたが、気づきの多い取り組みとなりました。

3 コロナが終息した後も定着・さらに発展！

　コロナ禍の保育は、変えたいと思って変えたことではありませんでした。今まで経験したことのない状況に直面して、やってみたことです。

　今、こうして振り返ると、「このほうがよかった！」「こうしてよかった！」という思いが浮かんでくるのです。「変えてみる」「やってみる」ということに大きな意味があることを学びました。

昼食時はこのあたりがランチスペースに

みんなでおいしく「いただきまーす！」

　3歳児から5歳児がともに過ごすスペースの中に、共通の給食スペースを設定する取り組みは、コロナが終息したあとも続いています。

　今は、この場所は「おいしい場所」というイメージが出来上がっているようにも思えます。

　最近は、5歳児の子どもたちが、ご飯の日は、お米を研いで炊飯器にかけてくれるようになりました。「食」への興味と意欲がさらに広がるように、ということで始めたことですが、炊きたてご飯のおいしさが好評です。5歳児が保育者と一緒にお米を研いでいると、3歳児がその様子を見にきます。雑

お米を研いで炊飯の準備

雑穀を混ぜて「おいしくなーれ！」

「ずれ」に気づくことで行事・環境・計画が新しく生まれ変わった14の取り組み　113

穀を混ぜている様子に興味津々です。「食」は、その前や後も含めて、どれもが「食体験」と思わされる姿です。

4 実践を振り返って

　コロナ禍への対応は、保育の場においてたくさんの変革のきっかけとなりました。それは、あまりに突然に、そして急を要する形で起こったため、困難さを感じる変革も少なくはなかったと思います。「食事のスペースを見直す」ということも、当初は、これでうまくいくのだろうかという迷いの中にありました。しかし、日々を重ねていくなかで、不安は安心に、迷いは発見に変わっていきました。それは、とてもうれしい「予想外なこと＝ずれ」でした。

　その際に大切だったことは、「こんなところがよかったね」「こういうよさがあるね」と、「よさ」について言葉にすることだったように思います。変えてみることで引き起こされたことを見届ける確かな眼差しが大切だと思います。

　お昼の時間が近づくと、給食コーナーからお米が炊き上がった音が聞こえてきます。保育空間の中に、暮らしのスペースがあることの意味はこのようなところにあるのかもしれません。

事例9の保育のPOINT
「変えてみてわかること」 コロナ禍の対応 迷いから発見へ

芝崎恵子

暮らしと遊び

　幼稚園や保育園で子どもたちが過ごす保育室は、園による様々な工夫があると思いますが、同じ場所に子どもたちの暮らし（生活）と遊びがあることがほとんどではないでしょうか。ダイナミックな遊びも、集まっての活動も、食事や着替え、午睡も同じ場所で行われます。一日のなかに片付けが複数回あり、「続きがしたい」「遊んでいた場所をとっておきたい」と子どもたちに言われることもしばしばです。暮らしと遊びにメリハリをつけたいと思うときもあります。

　そんな日々に突然「新型コロナウイルス」が大きな影響を及ぼし、環境や子どもたちの過ごし方を見直さざるを得ない状況となりました。

コロナ禍での保育

　感染のリスクを減らすためにマスクをし、消毒をし、子ども同士の距離感に敏感になり…とそれまでには考えられなかったさまざまなことが保育者に求められました。健康や安全を優先させるため、食事の時間は最も感染の可能性があるということで、黙食・衝立・同じ方向を向いて等の方法が推奨され、楽しさやぬくもりのようなものは「してはいけないこと」になってしまいました。事例にも書かれているように、保育者にとっては「しなくてはいけないこと」と「やりたいこと」「子どもに体験させたいこと」に大きなずれができ、おそらくは世界中に悶々とした気持ちの保育者がいたことでしょう。

　しかし、マイナス面ばかりと思っていたこの対策は、保育の中の固定概念を強制的に崩し、それまでの当たり前を振り返る機会となったのもまた事実です。

当たり前を変えて気づくこと、まずはやってみよう

　この事例でも、仕方なく変えた給食のための環境が、やってみたら遊びのスペースを広くし、学年のつながりを感じる時間や場所を作り、さらには食への興味や意欲を広げるという効果を生み出しています。実は、私の勤める園でも、コロナをきっかけに登降園のやり方や時間を少し変えたら、「こっちのほうがいい」とその形が今は定着しています。行事の見直しの機会になったという話もよく耳にします。何事も前向きにとらえることで、ずれと思ったことがずれでなくなっていくこともあるのだと感じました。

　個人的には机の間に置かれたお花が素敵だなと感じました。そこにお散歩での楽しかったこと、自然の中で過ごした豊かな時間を感じられると共に、制限の多い生活も楽しく、潤いのある時間にしようという保育者の願いのようなものも感じます。お花があることで、自然と気持ちも和らぎ大きな声も控えられていたのではないでしょうか。

事例10 金港幼稚園(神奈川県横浜市)　5歳児／2月

豆まきからきな粉作りへ
豆まきのあとに続く子どもたちの活動

> 行事にもいろいろありますが、この事例は年中行事のひとつである豆まきからはじまったものです。豆を食べながらある子どもがつぶやいた一言が、多くの子どもが興味をもつ活動につながっていった様子を、園長である『私』の視点からとらえました。「豆まきといえば」と固定されていた大人の考えと、自由な子どもの発想に「ずれ」があっても、それを一緒に楽しむことでさらに発見の多い活動になっていく様子を紹介します。

1　豆をまいて、自分の中の鬼を追い出そう

　2月3日の節分では、「鬼は外　福は内」と豆まきをする園も多いのではないでしょうか。大切な年中行事のひとつです。マンションなどの集合住宅に住んでいる園児にとっては、幼稚園や保育園でしか経験できない行事かもしれません。いろいろな園の先生たちに聞いてみると、豆まきのやり方もさまざま。本当に怖い鬼が登場するところもあれば、鬼はいないけれどみんなで豆をまくというところもあるようです。小さい子どもたちは誤飲の危険性もあるので、豆を食べるかどうかも、最近では園によるということがわかりました。

　私の勤める園では、事前に絵本を読み、自分のお腹の中にはどんな鬼がいるかなと考えて、「おこりんぼ鬼」「寝坊鬼」など、自分が追い出したい鬼を決めます。そして紙袋や空き箱などの素材を利用して鬼のお面を作り、子どもたちが交代で鬼になる人と豆をまく人になります。豆をまき終わると、年の数だけ豆を食べます（3歳以下は半分に割るようにしています）。

紙袋も鬼のお面に

2「口の中できな粉ができた!」

　そんなある年。豆まきが終わり保育室で年齢分の豆を食べている子から「豆を食べると口の中できな粉になる」という声が聞かれました。確かに大豆だから、きな粉になるかもしれないなと思いながら聞いていると、周囲の子どもたちからも「ほんとだ！　きな粉になる」と次第に広がっていきます。

　そこで、余っていた豆を見せて「きな粉が本当にできるか、作ってみる？」と聞くと「やってみたい」という声が多数あがりました。

豆の皮をむいてすり鉢へ

　給湯室からすりこぎとすり鉢を出し、豆をつぶしてみましたが、皮の部分が細かくならず、豆をむいてから入れるのが暗黙の了解のようになりました。なかなか手間のかかる作業でしたが、「だんだんきな粉っぽくなってきた」「いいにおいがする」と、結果的には学年のほとんどの子どもたちが入れ代わり立ち代わりきな粉づくりに参加していました。私も豆からきな粉を作るのは初めてでしたし、豆まきがきな粉づくりに発展するとは全く思っていなかったのですが、子どもたちと一緒に「本当にできるかな？　おいしいかな？」とワクワクした気持ちになりました。細かくなってきた豆を念のため炒めて（まだ新型コロナウイルスの心配があったので）、お砂糖と少々の塩を加えるといよいよきな粉の完成です。「匂いはきな粉だ」「早く食べたい」と完成したきな粉を囲む子どもたち。

　この日の様子を保護者向けに書いた担任の先生のコメントがあります。

節分の豆まきから

　節分から始まった2月。紫1組さんが鬼役で赤青組さんが投げた豆がみんなに当たると、静かに倒れており、その姿に思わず笑ってしまいました。投げる時は「鬼は外！福は内！」と元気な姿で優しく投げていました。そしてお部屋では園長先生が残った豆で子どもたちと一緒にきな粉作りをしてくださいました。豆をひたすら叩いたりこすったりして粉々にし、軽く炒って砂糖を入れて最後にみんなで食べてみると…最高に美味しいではないですか!!「今までの中で1番美味しい!!」と言って何回もおかわりする子がいたり、豆が食べられなかった子もきな粉では「美味しい♡」と幸せそうに食べたりする姿がたくさん見られました。

その日を振り返ると、私の思っていた「豆まき」とはまた違った豆まきになり、子どもたちの発想やがんばりがあったからこそのおもしろさだったなと感じます。大人にとっては大豆からきな粉というのはあまり驚くことではないかと思いますが、子どもたちにとっては「本当にできた」「知らなかった」と大発見。大人の常識からは発想されないような楽しい体験ができた出来事でした。

少し残っている粒がよいアクセント！

3 次の年の豆まきの様子

　さてその翌年、豆まきの日がまた巡ってきました。この年は、当日は時間がなく、例年通りの豆まきでしたが、予備の豆が、未開封のもの1袋、開封済みのもの1袋残っていました。昨年のことがあったので、数日してから、「豆まきのときのお豆が余っているのだけど」と、今回はこちらから年長組に投げかけてみると、3つのやりたいこと、「❶そのまま食べる」「❷きな粉を作って食べる」「❸外に置いておいて鳥が食べに来るか実験する」が出てきました。「そのまま食べる」に対しては、「豆まきのときにもう年の数食べちゃったから、多く食べるのはダメなんじゃない？」という子の意見にみんな「確かに…」と納得。一方で、きな粉はぜひ作りたいという話になりました。

(1) きな粉を作って食べる

　久しぶりのすり鉢とすりこぎの出番。昨年のことを知っていたわけではないのに豆の皮をむき、一粒ずつ丁寧にすり鉢にいれていく子どもたちの表情は真剣そのものでした。どうにかできあがり、一口ずつ食べると口の中の水分がすべて持っていかれるものの香ばしく、おかわり希望が続出でした。

「たたいたほうが細かくなるよ」

「わらびもちっぽくなってきた」

昨年よりも量が多かったので「何かにつけて食べたい」という希望。確かに、今まで幼稚園ではきな粉といえば春のよもぎだんごと、冬のもちつきのときに出てきています。そこで翌日、片栗粉（これも実はもちつきのときの余りなのですが）を使った「わらび餅もどき」を作り、きな粉をかけて食べました。

　片栗粉を使ったおもちについては、アレルギーへの配慮などもあり、保育者のほうから提案しました。鍋の中の片栗粉を混ぜながら「透明だったのに、白くなってきた」「混ぜるのが大変になってきたよ」「なんか、のりみたい」といろいろな感想が聞こえてきました。水分の飛ばし方が足りず、個体と液体の中間ぐらいになったわらび餅もどき。見た目は謎の食べ物になってしまったのですが、手作りきな粉とともに、子どもたちには好評でした。

（2）鳥が食べに来るように準備する

　もうひとつのやりたいこと。鳥が食べに来るかどうかの実験については、「何か紙ちょうだい」と計画を絵に描くことから始まりました。「鳥だから高いところに豆を置いたほうがいいと思う。門の上に豆を置くのはどうかな」（このとき、「開け閉めしたら落ちちゃうんじゃ…」という私の心の声）、「砂場の上の大きい木にさ、よく小さい鳥が来るからその近くがいいんじゃないかな」「豆まきのときは園庭にいっぱい豆があったけど、次の日にはなくなってたよね。だから園庭にまたいっぱい豆をまけばいいんじゃない」など、いろいろなアイデアを言いながら描いていましたが、「ぼくたちの部屋は2階だから、ベランダに置けば鳥が来るのが見られる」という意見に、「それにしよう」といつの間にか実験の場所が決まっていました。

園庭に豆。「高い所がいいかな」

どこに豆をおくか計画中

「なんつぶ入れようかな」

紙皿に豆を入れ、ベランダに置きました。少しでも高い位置にと、手すりのところに並べる子が多く、「ださないで」とメッセージを書いたり目印に星形の飾りを入れたりする子、お皿の中の数が減ったらわかるように豆を20個と決めて入れている子もいました。そして、お皿のほうに誘導するためなのか、それとも意味はないのか、豆をまくようにベランダに広げる子がいたり、小さい鳥用にと豆を小さくしていたり、同時進行でいろいろな動きがあり、子どもたちの行動力に驚かされました。

「ださないで」

　降園後は、預かり保育が2階の部屋であることに気づいた数人の園児が、1階の全部の保育室を回って「2階のベランダは実験中だから、今日は出ないでね」とアナウンスしていたという話をあとで先生たちから聞いてびっくりもしま

ただ今、実験中！

した。近くで聞こえる鳥の声に「ごはんがあるよ、早くおいで」と呼びかける姿もありました。すぐ近くの木まで来たものの飛び去った鳥を見て、「監視カメラがあったらいいのにな」と言う子もいて、よほど鳥が豆を食べる様子を見たいのだなと思うと同時に、自分も子どもたち同様、それを願っていることに気づかされ、外を気にしながら遊びました。

（3）鳥が食べに来るか実験をする

　あとは鳥が来るのを待つのみかと思っていたら、「先生、大変ちょっと来て」と数人の子どもたちが呼びに来ました。ついていくと、階段を降り1階のテラスへ。「見て、カラスが来た」「きっと豆をねらっているんだよ」「カラスから豆を守らないと」と珍しく硬い表情で口々に言っています。「でも、カラスも鳥だよ」と私が言うと、子どもたちは「ダメ、カラスは悪い鳥だから豆はあげない」と「あそこに1羽あっちにも1羽、全部で4羽もいる」とじっとカラスの行動を『監視』しています。「でも、あのカラスと目があったけど、襲ってこなかったから、悪いカラスじゃないのかな」などカラスの動きに一

喜一憂しながら、その日は降園時間となりました。

その日の夜。横浜は珍しく雪が降りました。幼稚園の園庭は子どもたちがいないときにはよく山鳩やムクドリが来るので、翌朝には豆はなくなっているだろうという私の予想を裏切って、半分解けた雪の中に豆が埋

カラスには豆をあげたくない

もれている状態でした。登園後すぐにベランダを確認した子どもたちは、「豆がおかゆになってる」と大騒ぎ。寒い中、窓から顔を出してはベランダを見ていますが、鳥がやってくる気配はありません。「今日は鳥もおうちにいるのかな」「濡れちゃうもんね」などと言っていました。

そして、やっと晴れた翌日の朝、豆があらかたなくなっていて「おかゆの豆でも食べてくれたね」とほっとしている様子でした。

早く食べに来ないかな

「ずれ」に気づくことで行事・環境・計画が新しく生まれ変わった14の取り組み　121

4 実践を振り返って

　園には、季節のなかで決まった行事がいろいろあると思います。豆まきもそうですが、ひなまつり・こどもの日・七夕・お月見・お正月、遊びのなかでも登場することが多いハロウィンやクリスマスも大きくとらえれば季節の行事になるかと思います。その取り入れ方は園によって違うと思いますが、家庭や地域でだんだんと行われなくなっていくものについては園で体験させていきたいと思っています。私が住んでいる地域（幼稚園も同じ地域にあります）も40年ぐらい前は節分の日には、いろいろな家から「鬼は外〜！」と子どもたちの声が聞こえてきました。それを聞いて『ウチもしなきゃ』と窓を開けたのを覚えています。今、同じように多層階の住宅に住んでいる子どもたちがベランダから「鬼は外〜」と大きい声を出して豆をまいたら、近所の人から叱られてしまいそうです。文化や伝統を継承していくという役割の一端も園に課せられていると感じます。

　豆まきという行事から始まった今回の事例は、行事と遊びとのつながりを考えるひとつのきっかけとなりました。ちょっとしたことですが、豆まきのなかでの「口の中できな粉になった」という子どもの言葉から、子どもたちの声を聴くことで、それがきな粉作り、さらには翌年の鳥のごはん実験につながっていきました。

　大人の固定概念としての行事と、子どもの楽しみ・遊びとしての行事のとらえ方のずれを実感し、もしかしたら、他にも行事からつながる遊びを見つけることができるかもしれないと思うと、これまでの保育を見直しながら、それを当たり前とせず、楽しいことを子どもたちと一緒に見つけていくことへの期待が膨らみます。

　行事を大きく変えるのでなくても、ちょっとしたことから子どもと一緒に考え、楽しんだり探究したりする遊びにつながっていくことを感じた事例でした。

事例10の保育のPOINT
「豆まき」から「きな粉作り」という意外性

宮里暁美

節分に行う「豆まき」は、子どもたちの大好きな行事です。鬼のお面を作ったり豆の入れ物を作ったりして、その日を待つことはよくありますが、この事例は、「豆まき」のその後の事例です。「豆まき」のあとに行われた「きな粉作り」のおもしろさについて考えてみます。

「口の中できな粉ができた！」の一言から始まった物語

この実践例は、豆を食べていた子どもの気づきから始まっています。体の中にいる鬼を退治しようと、豆を丹念に咀嚼していたから、豆が粉状になり「きな粉ができた！」という気づきにつながっていったのです。

「口の中できな粉ができた！」という発見は、すぐに子どもから子どもへと伝わっていきました。おもしろいことって、そういう力があります。そして、その一言を聞いた園長先生が、「それなら」と思って行動したことで、きな粉作りが始まったのです。

園長先生が動くということ

保育の場に多様な人がいることで、思いがけない事態への対応がしやすくなります。このときも園長先生が動いた、ということによって、きな粉作りが実現したのだと考えます。「給湯室からすりこぎとすり鉢を出す」とすぐに行動し、「豆をむいてから豆を入れる」という手間のかかる作業にも、根気強くつきあうことができたのだと思います。

園長先生が動く、といっても、取り組みの主体は子どもたちです。「だんだんきな粉っぽくなってきた」「いいにおいがする」という子どもたちのつぶやきをしっかり受け止めながら、園長先生自身もワクワクとした気持ちできな粉づくりに取り組んでいるのが、素敵なことだと思います。

翌年の取り組みのおもしろさ

翌年の実践はさらに興味深いものです。先生は「余った豆をどうする？」と、子どもたちに問いかけているのです。「これできな粉を作ろう」と呼びかけなかったことで、またおもしろい物語が始まることになります。

子どもたちは、いくつか出た案に対して「食べる」という案は「もう年の数食べたから、多く食べるのはダメなんじゃない？」と却下したうえで、「きな粉を作る」という案の他に、「鳥にあげる」という案を出してきました。

やってみたいことを思いついた子どもたちと、その思いの実現のために協力を惜しまない保育者が一緒になると、このような豊かな体験ができるのです。子どもの思いを受け止めながら、保育者も心を躍らせて創りあげていく保育のなかでは、思いがけないことが次々に起こります。それが保育の醍醐味ではないか、と私は思います。

事例11 　金港幼稚園(神奈川県横浜市)　　3〜5歳児／10月

異年齢が交流する行事
子どもたちは楽しめている？
盛り込みすぎだった計画を見直してみた

> 普段から、さまざまな場所で異年齢のかかわりが見られますが、それをさらに深めたいということで、学年が混ざったグループでの交流行事を毎年3日間、続けてきました。しかし、ハロウィンやスタンプラリーなどで「イベント化」したことにより、年長児の負担が増えていて、楽しめない行事になっているのではと、子どもたちの姿にずれを感じ、もう一度、何を大切にするかというところに立ち戻り、何をしたいかを子どもたちと考えていきました。

1　20年以上続く異年齢クラスの交流行事

「やってあげるよ」

　金港幼稚園は、普段は同じ年齢ごとのクラスや学年で活動していますが、年間で3日間、年長から年少の3学年混合のグループを作って交流します。この縦割りの交流は20年以上も続いている行事のひとつです。もともと日々の遊びのなかでも、いろいろなクラスの園児が混ざることが多く、集まりや制作などクラスでの活動をしているとき以外は、他クラスの保育室で遊ぶことも日常的にある幼稚園です。外遊びのときは、子どもたちのクラスカラーの帽子が園庭を彩ります。しかし、クラスの枠から出ず、他学年とのかかわりが薄い園児もいることから、年間で3日間ですが、お互いに刺激を与えられたらということで、この交流行事が続いています。

　異年齢で交流する行事のねらいを
- 異年齢児とのかかわりを通して、さまざまな人に親しみの気持ちをもつ
- 縦割りの交流を通して、異年齢児にいたわりの気持ちをもち、優しく接したり一緒に遊んだりする

とし、年長児は年下の子どもたちと接することで思いやりの気持ちをもち、年少児は年上の子どもたちに憧れの気持ちをもつ、年中児は年長児への憧れの気持ちとともに、年少児とかかわることで自分自身の成長を感じられたら、というのが保育者の願いです。

　この交流は、10月上旬の運動会が終わり、12月上旬のこども会（ダンス・歌・劇などを披露する行事）に向けての活動が始まるまでの間、10月の下旬頃に行うことが多く、おおまかな活動は**表2-1**にまとめた通りです。

表2-1 従来の交流行事の活動内容

	活動	目的や詳細
前日	先生交代：担任が降園前の10分交代して絵本を読んだり、歌を教えたりする（実は先生たちはかなりドキドキ）	他のクラスの先生に関心をもち、縦割りを安心して迎えられるようにするため
1日目	●グループ発表 ●顔合わせ（自己紹介） ●一緒に遊ぶ ●3日目のスタンプラリーでやりたいことを相談して決める	ホールに集まり、12グループに分かれる（1グループ8〜10人）。2グループを1人の保育者と補助教員1名がもつ
2日目	●3日目の準備 ●一緒にお弁当を食べる ●全員で園庭に出て遊ぶ	保育室内の準備 ルールを決める など
3日目	スタンプラリー	8か所を回ってスタンプを集める

　3日目のスタンプラリーが、縦割り保育のメインとなる活動です。1日目にやりたいことをグループで話し合います（2つのグループ合同で「出し物」を考える）。「おばけやしき」「迷路」「宝さがし」などが定番でしたが、年によっては「先生とかけっこ対決」「カラオケ（アニメなどの曲をかけて一緒に歌う）」などが出ることもありました。

2　回数を重ねたことでの効果と違和感

　1日目の保育後に職員会議を行い、保育者同士で情報交換をしたり、子どもたちの希望をどのように実現できるかを考えたり、安全面の確認などを行います。子どもたちの希望で内容を決め、一緒に準備をするということで、

子ども主体の行事になっていると考え、保育者としても準備に追われつつ取り組んでいました。また、交流後は異年齢で混ざって遊ぶ姿が多くみられるようになり、この行事の効果を感じてもいました。

回数を重ねていくと、10月下旬ということで、ハロウィンの仮装をしながらスタンプラリーをまわる年もあり、3日間にしては詰め込みすぎになる傾向が出てきました。そして何より、年長児の負担が大きすぎることがあり、先生たちのなかで「このままでよいのか」という迷いが出てきて、この行事を考え直すきっかけとなりました。

年長児が年少児の準備をお手伝い

3 ねらいと子どもたちの姿のずれ

スタンプラリーでは、自分の思うままに動こうとする年少児や年中児を「迷子」にならないように手をつなぎ、年長児が「お兄さん・お姉さん」として連れていくことになり、全員がそろわないとスタンプをもらうためのゲームが始められません。グループによってはゲームをする時間と、はぐれたメンバーを探す時間とが同じぐらいになってしまっているところもありました。

3日目のスタンプラリー終了後、年長児の保育室に行くと、子どもたちはやり切ったという表情はしているものの、「おもしろかった」という声よりも「つかれたー！」という声のほうが多く聞かれました。異年齢児とのかかわりを通して、親しみをもったり、いたわりの気持ちをもったりすることをねらいとしているのに、求めているものと実際の子どもの姿にずれが生じていることを感じました。

4 保育者と子どもたちの意見

行事を「例年通り」から変化させることは、保育者にとってもエネルギー

がいることです。しかし、異年齢の交流をこのまま「例年通り」で続けていても、子どもたちにとって楽しいものにはならないと考え、もう一度、職員会議で見直すことにしました。

話し合いで出された意見
- 年長から年少までが、グループを作って活動する形はそのままにする
- グループごとに話し合う経験はさせたい
- スタンプラリーという形ではなく、もう少し短時間で準備できるものにし、年長の負担を減らしたい。また、スタンプラリーだと担任の保育者は、それぞれの保育室で子どもたちを待っている形になるので、当日の子どもたちの様子がよくわからない（フリーの先生に後から様子を聞く形）
- 年少は朝から緊張している姿が見られるので、3日間でなくてもよいのではないか
- ゆっくりと一緒に好きなことをして遊べる時間をもっと作りたい
- 子どもたちの成長を考えても、時期は今まで通り、10月下旬頃がよい

　そして、年長の子どもたちに、年中・年少の子どもたちとどんなことがしたいのかを聞くと、
「手をつないでやさしくしてあげたい」
「一緒にクイズ大会がしたいな」
「ドッジボールしたい」（他の子から、年少さんが怖がるからとダメ出しされましたが）
「園庭で縄跳びしたとき、へびだったら跳べてたよ」
「リレーみたいなゲームはどうかな」
「この前、年中さんの部屋で遊んだとき、紙飛行機を作ってあげたら喜んでくれた。何か作ってあげたいな」
など、いつもの遊びから考えた意見が出てきました。

5　新しい形での開催

　その結果、翌年の縦割り保育は「前日の先生交代＋2日間」という形で行ってみました。

1日目

- グループの発表：同じグループだとわかるよう色分けしたペンダント（紙に絵と名前を書く、年少の分は年長が手伝う）を作る
- 次の日に他のグループに出すクイズをみんなで考える
- 好きな遊びを一緒にする時間を長くとる

　異年齢の交流は、前日の「先生交代」の時間を経て、年長の子どもたちが年少のクラスに迎えに行くことから始まります。いつもとは違う環境となるのでとくに年少の子どもたちはドキドキしながら、それぞれの部屋にやってきます。好きな遊びをじっくり楽しんだあとに、日頃は活動の切り替えや片付けが苦手で苦労している子が、年長のお兄さんに「お片付けだよ」と言われるだけで素直に動いている姿に驚かされたりもします。クイズの問題を決める話し合いの中で年中の子が、できる・できないにとらわれずおもしろいことを言ったりして盛り上がり、年長の子どもたちが丁寧に話を聞いたり、「それは赤組さん（年少）には難しくない？」と先輩らしい意見を言ったりする様子を見て成長を感じます。時間に余裕があるからこその気づきではないかと感じました。

クイズ大会

みんなでジャンプ

2日目

- グループごとにリレー形式の障害物競走。異学年2人一組で手をつないで走る
- クイズ大会：自分たちで考えたクイズをみんなに出す
- お弁当をグループごとに一緒に食べる
- 晴れれば園庭で全園児一緒に遊ぶ

　形を変えて異年齢交流に取り組んでみて、いろいろな場面で自然に異年齢でのかかわりが見られるようになりました。今まで私たちが考えてきた「主体性」というものについても、もう一度考える機会となりました。障害物競走では縄跳びのヘビを跳ぶ、一緒に机の下をくぐる、手をつないで5回ジャンプするなどの障害に協力して取り組み、担任の保育者も、「あの子がちゃんと年下の子を待って動けるようになったのだな」など、個々の子どもたちの成長を感じることもできました。クイズでは「食べられないパンは」という定番のものから、「金港幼稚園の先生の中で縄跳びが一番長く跳べるのは誰か（その後、実際に先生たちで対決）」など、子どもたちならではの問題が考えられていて、グループの中でも年齢に合わせて、問題を言う人、問題や絵を書いた紙を持つ人と役割があったりもしました。

手をつないでジャンプ

6 実践を振り返って

　前年と比較すると、子どもたちの表情がやわらかくなり、本当の意味で年長児が思いやりをもって年下の子どもたちに接していることが感じられるようになりました。また、好きな遊びの時間を長くとることで、年長児の遊びに年下の子どもたちが興味をもち、仲間に入ったり、憧れのまなざしでじっと見ていたりする姿も多く見られ、私たち保育者もそれに気づくことができました。

　コロナ禍により、この交流ができなかった年もありましたが、感染対策のため異年齢のかかわりが減っているからこそ必要なのではないかと、令和4年度には復活させました。

　子どもたちの姿からずれを感じ、行事の見直しを行った本事例はずれを楽しむというよりは、ずれに気づいて、子どもたちの自然な姿に戻すという形かと思います。ずれを楽しむ余裕が保育者になかったことにも気づかされます。異年齢交流の形を変えたことで、子どもたちにも保育者にも余裕ができ、楽しむことができるようになりました。今後も子どもたちの様子を見ながら、必要に応じて変化させていきたいと思っています。

事例11の保育のPOINT
違和感をそのままにしておかない

宮里曉美

見直しのきっかけは子どもの姿

　行事を見直すきっかけは、子どもの姿への気づきでした。異年齢交流で行ったスタンプラリー終了後、年長児の保育室に行った時に出会った子どもたちの「つかれたー！」という声と、ぐったりした姿を見て「これって、どういうこと」と考える姿勢が大切なのです。この声を聞き逃さず、行事の内容を見直していく姿勢に多くを学びます。

「意見を聞く」という姿勢

　行事を見直そうと考えた時に行ったことが「意見を聞く」ことでした。「グループごとに話し合う経験はさせたい」という、現在行っていることのよさを引き継ぐ意見、「もう少し短時間で準備できるものに」「3日間でなくてもよいのではないか」など、子どもの目線で出される意見が多く出されています。子どもたちからも「手をつないでやさしくしてあげたい」「一緒にクイズ大会がしたいな」など、心のこもった意見が出されています。これらのやり取りを見ていくと、プランを考え合うところから、異年齢交流の実践はすでに始まっているのではないか、という思いを抱きます。丁寧に積み重ねていく姿勢が大切です。

「異年齢交流」のきっかけ作りには意味がある

　見直しを行い異年齢児が自然に交流を体験できる行事に変わっていきましたが、きっかけとして行った「行事」にも大切な意味があります。「異年齢の交流を大切にした保育を作りたい」という願いのもと、そのきっかけとなるような異年齢交流の行事を計画的に進行してきた歴史にも大事な意味があると考えます。その営みによって、保育者の意識が高まり、異年齢児がかかわり合う保育が浸透したということがあるのではないでしょうか。

　これらのことが定着してきた時に、「このやり方って、違うかもしれない」という見直しのタイミングがやってきます。よりよい保育を求めていく姿勢が、見直しのタイミングを生むきっかけになっていると考えます。

やっぱり子どもはおもしろい！

　金港幼稚園では、子どもたちが意見を言う存在です。それが、楽しさを生み出しています。子どもたちが考えたクイズ大会で出された質問が紹介されていますが、「金港幼稚園の先生の中で縄跳びが一番長く跳べるのは誰か（その後、実際に先生たちで対決）」という質問を読んで笑ってしまいました。子どもと保育者が横並びになっている感じがします。

　「グループの中でも年齢に合わせて、問題を言う人、問題や絵を書いた紙を持つ人と役割があったり」という取り組みの様子からも、主体的にかかわっている子どもたちの姿が浮かんできます。

事例12　鶴見大学短期大学部附属三松幼稚園（神奈川県横浜市）　5歳児／4〜3月

変化し、つながる子どもの姿
ビー玉コロコロマシーン作り

　年長になりたての4月、新しい環境に少し緊張気味の子どもたち。そんな頃始まったのが、『こどもとしょかん』。カラーボックスの中に本が並べられ、その周りにも積み木やブロックが工夫して並べられた不思議な図書館。そこから、保育室にある身近なものを使った、ビー玉コロコロマシーンを作る遊びへと変化していきました。動く仕掛け遊びの空間は子どもたちにとっても、一年を通して遊ぶ大切な居場所になっていきました。大人が予想できない変化や、他の遊びとのつながりがあり、たくさんのおもしろいが詰まった年長ふじ組のお話です。

1　開店！「こどもとしょかん」

　クラス替えをして間もない頃、同じクラスになり再会を喜ぶ友達もいれば、緊張している子どもたちの姿も。年中のクラスのときに仲のよかった友達を求め、他のクラスに会いに行ったり来たりして遊ぶ姿もありました。新しいクラスになり、緊張感があるなか、ふじ組の一人の男の子がカラーボックスに絵本を並べ、保育室の一角に小さな『こどもとしょかん』を作り始めました。

担任の思い

　子どもたちが自分たちで遊びをつくれる環境にしたいという思いがありました。一人ひとり落ち着いて遊べるよう、さまざまな素材を用意した工作コーナーを設けたり、積み木やカプラ、可動式の台や棚を置いて、子どもたちが必要な物を思うように自由に動かし遊べるように保育室の環境を作りました。身近な物が子どもの手にかかると、「あったらおもしろおもしろいだろうなぁ」と思うものが、あっという間にできあがります。

上：カラーボックスにカプラを使い並べられたこどもの絵本
下：見えづらいと、積み木を棚の代わりにし、表紙が見えるようにした「としょかん」

『こどもとしょかん』には、おもしろさや子どものこだわりポイントが隠れていて、大人では想像しないような使い方や見せ方に驚かされました。

　隣には、また他の子が「としょかん」を真似してブロックで作ったおもちゃを椅子の上に並べて『おもちゃ屋さん』を作ったりと、同じ空間で別々に始まった遊びでも自然とお互いに意識し、つながっていく遊びのおもしろさを感じました。

2　試して遊んで、変化していく環境

　保育室の扉に「ふじでとしょかんやってるよ」と書かれた折り紙の貼り紙。とくにお客さんを呼びに行くことにこだわるわけではなく、さりげなく貼ってある看板。カラーボックスの中に絵本は残しつつ、としょかんで使っていた大型積み木、ブロック、カプラなどの遊具を使い、変化していったのはなんと、NHKのEテレ番組『ピタゴラスイッチ』で見るようなビー玉を転がす装置。絵本の並べ方やブロックの使い方からヒントを得たのかな？と感じました。

　絵本を少し開きビー玉を転がしてみたり、短いコースやゴールを作ったり、廃材の箱や芯などさまざまなものを試すうちに、恐竜の人形の背中や、ときには人形の頭など、コースに使ったらおもしろそうなものを探し、このビー玉コロコロマシーン（以下、コロコロ遊び）を毎日繰り返し試していました。

　積み木で作った坂にビー玉を転がし、廃材のトレイに穴をあけてビー玉が穴に入るまで、子どもたち同士で「なんではいらないんだ？　ここにいれたいのになー」、失敗すると、「あぁ〜……」。途中の仕掛けの位置を変え、お互いに意見を出し合いながら試行錯誤して遊ぶ姿がありました。「としょかん」を始めたMくんをきっかけに友達が集まり、どんどん大きくなっていく装置。はじめの場所では窮屈になったため、遊びを残していきたいという子どもたちの声から、もう少し

「ふじでとしょかん、やってるよ」と
さりげなく貼られる看板

「ずれ」に気づくことで行事・環境・計画が新しく生まれ変わった14の取り組み　　133

広い場所で遊べるよう、環境を変えてみることを提案しました。

　子どもたちと相談しながら環境を見直したことで、積み木を長くつなげたり、ビー玉を運ぶロープウエイを作ったりと、遊びがどんどん広がり、室内で遊ぶほとんどの時間をその場所で過ごすようになりました。

担任の思い

　遊びは見守ることを大切にしつつも、次はどうなっていくのか？と期待する思いもありました。遊びの環境を大切にするなかで、盛り上がってきた遊びの場所を変えるのはどうなのだろう…とも思いましたが、その考えを子どもたちに伝えることで、もっとこうしたい！　装置を残して明日も遊べるようにしたいという子どもたちの思いがどんどん出てきて、担任が気づくきっかけになりました。

3　木のことはバスの運転手さんに相談！

　子どもたちの思いや声、小さな発見を大切にしている三松の保育に欠かせないのが、担任以外の先生たちや周りにいるいろいろな人たちの協力で、バスの運転手さんもその一人です。

　幼稚園の1階の隅に作業場があり、必要なときに木を切り出してくれたり、アイデアをくれたりする強い助っ人です。遊びのなかでも、「ながい木があればなぁ」「ほそくてみじかい木がほしい」と必要なものがあると、バスの運転手さんに聞きに行く姿がありました。

担任の思い

　子どもたちや担任だけではなく、相談相手がたくさんいることで一人ひとりが遊びを深めることにつながっているのだと思います。保育者とは違う立場から、いつも子どもを見守ってくれているバスの運転手さんだからこそ、身近に感じて頼れる存在になっています。職員も保育の環境を考えるなかで運転手さんに相談することがあり、三松の保育には欠かせない存在です。

4 夏休み明け、コロコロ遊びの行方は…？

　夏休み明け、久しぶりの幼稚園。お泊り保育で作った長いコースを残してあったため、遊びが再開!! 仕掛けを変えたり、ときには崩して新しく作ったりして遊ぶ姿が見られました。コロコロ遊びを始めたMくんは、NHKのEテレで放送されている『ピタゴラスイッチ』の番組も欠かさずに見ているとMくんの保護者が教えてくれました。そこからのヒントもあったのか、"コロコロ遊びを映画にする"と、お客さんを呼んで見られるように椅子を並べ始めたのです。

夏休み明けにも再びコロコロ遊びを楽しむ。「映画」にしてお客さんにも見てもらえるようにと準備を開始

　ふじ組では他にもたくさんの遊びが生まれては変化し、消えていくものも…。少し前に画用紙や割りばしで人形を作り、人形劇をして遊んだときに使

っていた紙芝居用のフレームが保育室に置いてあり、そのフレームを机に置いてスクリーンに見立て、つなげたテーブルの上に新たな動く仕掛けのコースを作り始めたのです。

5 ふじ組、コロコロ遊び映画館の始まり!?

　映画用にコロコロのコースを作り、準備も整いました。しかし、コロコロ遊びをしてきた子どもたちは、他のクラスにお客さんを呼びに行くのは少し恥ずかしい様子…。なにやらおもしろおもしろいことが始まりそうと集まってきた友達が、「わたしがよんでくる!」とお客さんを集めに行ってくれました。

　廊下では、1学期から続く『本屋さん』や、『お菓子屋さん』の遊びが開店していて、映画館でお客さんを呼ぶのなら、ポップコーンやジュースを用意し、本屋さんはお客さん集めのためにチラシを作り配る作戦!　友達のアイデアが積み重なり、並べられていた椅子も、2列目は椅子を2段重ね、3列目は椅子を3段重ねにし、本物の映画館のように段々に高くなっていきました。

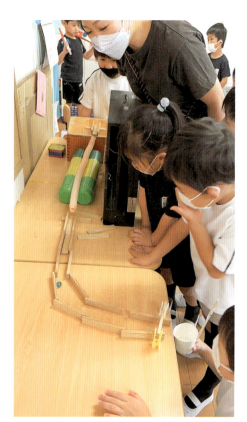

椅子から座って見ると見えないなぁと
のぞきこむお客さん…

　着々と集まってくるお客さん。年中クラスや他のクラスの友達や先生で満席に!　お客さんを呼んできてくれた女の子が本物の映画館のようなアナウンスをし、いざコロコロ遊びの映画の始まり!　コロコロと転がるビー玉をじーっと見つめる年中児たち。コロコロ遊びよりも、売っているお菓子に夢中の子も。一方、コロコロ遊びを見せようと始めた子は、お客さんに何か伝えるわけでもなく、ひたすらビー玉をコロコロ転がします。しばらくすると、映画館の椅子に座り見ていた他のクラスの年長児からは、「ちいさくてみえないよ…」とするどい声が上がってきました。

担任の思い

　1学期からさまざまな遊びが生まれては変化してきたふじ組。コロコロ遊びをひたすら楽しんでいた子どもたちでしたが、まさか映画館になるとは!!と子どもたちの発想に驚かされました。

　遊びが生まれるとお客さんを呼ぶことに力が入る子、お店屋さんのデザインや売るものにこだわる子。"このことはこの子に聞けばいい！　ここは私の出番だ！"と互いにわかりあっている子どもたちの姿がありました。

6　仲間と協力し合って

　お客さんの一言に悩んだコロコロ遊びチーム。担任が「ふじ組にはおもしろいアイデアマンたちがたくさんいるから、みんなに聞いてみたら？」と言うと、「コースがみじかすぎてみえないから、もっとながくしたらどう？」「くらくする！」「えいがかんをかざる」「CMをつくったら？」「えいがかんのやくそくをかいてはる」と、コロコロ遊びのことだけでなく、映画館としてこうしたら楽しくなりそうというたくさんのアイデアが出てきました。

　今までコロコロ遊びをしていなかった子どもたちも、保育室の中で起こっていることをよく見ているのだなと感じました。出てきたアイデアを紙に書き、貼っておくと、自分のできそうなこと、やりたいことを探して友達同士意見を出し合いながら遊び込む子どもたちの姿が見られました。

担任の思い

　自分たちで楽しんできた、コロコロ遊び。お店屋さんが始まると、お客さんを呼ぶ、売る、という流れになりそうですが、子どもたちのなかではそう単純ではなく、それぞれの隠れたこだわりポイントがたくさんあります。Mくんが始めたとしょかんが、仲よしの友達を巻き込み、今ではクラスの友達みんなに広がり楽しむ遊びに変化してきました。遊び込む力がある子どもたちなので、どこで大人の力が必要になるか…私のなかでも「今は我慢」「…今は少し思いを伝えてみようかな」…と対応を考え、遊びを促すのではなく、子どもたちから出た声を拾い、タイミングを見ながらサポートしていこうと試行錯誤する日々でした。

7 映画館の床ってモフモフしてるよね？？

　コロコロ遊びのほうに力が入るかと思いきや、どんどん映画館の環境作りのほうに力が入っていくふじ組。「えいがかんの床って、モフモフしているよね…」。映画館に行ったことのある子どもたちが気づいたことを他の友達に伝え、物を動かしながら試す姿が見られました。床のモフモフはどうしよう…。担任は掃除に使う付け替え用のモップを見つけ、こんなのはどう？　と提案すると、いいね!!とモップをつなぎ、床のモフモフを再現。折り紙に番号を書き座席に貼り、背もたれにはA-1、A-2とビニールテープに書いて貼り、細かいところにもこだわります。

　椅子を重ねて試してみると、ぐらぐらしたり少し危なかったりして、子どもたちのなかでわかったこともあったようで、「いすをのせるだいはない？」と使える台がないか幼稚園の中を探してみることに。椅子が乗りそうな台やそのまま座れそうな巧技台などを運び、映画館の段になっている椅子を再現することに成功！コロコロ遊びのコースは板をつなげ、積み木で高さを出し、ここにビー玉が落ちたら何点！と、今までコロコロ遊びに参加していなかった子が遊びに加わることで、違った要素が入り、動く仕掛けにも変化が出てきました。

上：映画館の床はモフモフしている！とモップを貼って再現中…
下：コロコロ遊びリーダーのMくんは、座る位置を変え、椅子を重ねてコースが見えるか、お客さんの気持ちになって自分で座って何度も試す姿が見られました

左：映画館になるようにスクリーンを段ボールで作ろう！
右：お客さんから見やすいように高さをつけ、こだわる様子…

8 それぞれのこだわりが満載！

　お客さんが来たら映画の始まりの合図にキラキラを降らせよう！と、紙コップと風船で手作りクラッカーを作ったり、廊下で開かれていたお店屋さんが保育室の映画館の隣に移動し、ふじ組の友達同士でお客さんになったり、ときには監督として映画を進める人になったりしながら遊びを楽しんでいました。

　冬休みを終え3学期が始まり、次第に映画館に「お客さんを呼ぼう！」とする動きはなくなりました。しかし、番号の書かれた映画館の椅子が違う場所に持っていかれてしまうと戻し、自分たちで作ってきた映画館は子どもたちにとっては大切な場所のようでした。

　こうして、たくさんの変化があったり他の遊びとのつながりがあったり、思いもよらないことが起きたりしながら見守ってきたふじ組の遊び。みんなが卒園したら次の友達がこのクラスを使うため、卒園が近づくにつれ、「先生は片づけをしなくてはいけない」という話を子どもたちにすることに。

　子どもたちの思いは、卒園式の前日まで遊びたい！ということで、前日にはきれいにするという約束で、片付けは子どもたちに任せることに。自分たちで使われていないものから片付けたり、映画館で使っていた椅子のテープを剥がしたり、遊びながら少しずつ片付けていく子どもたちの姿がありました。少し名残おしそうにしつつも、一年間、遊びきったのではないかと感じました。

9 実践を振り返って

　ふじ組（年長）の子どもたちが遊び込んでいく姿には年少・中からのさまざまな遊びの経験があちこちに出ていました。遊びの変化は大人が思っているよりも、急カーブしたり、力の入れどころが思いもよらなかったり、そうしたなかに子どもたちの隠れたこだわりやおもしろさが詰まっています。大人が思い描く想像の世界に子どもを引き込みすぎると、子どもたちの力には気がつけないと感じました。

　保育室や廊下に遊びは広がっていて、関係なさそうにしている子どもも意識していたり、入ってみたいけどなかなか行けず、自分が入れそうなタイミングを見計らっている様子もうかがえました。お互いが意見を出し合うなか、この分野はこの子に聞けば何かわかるかも！と、尊重し合い、それぞれが大事にしている場所や物を、自然とみんなが守っているようでした。できあがったような遊びでも、子どもたちのなかでは完成することはなく、考えたことをすぐ試せたり、友達と共有できたり、ときには一人で集中できたり、思いのままにできたことが楽しさにつながったのではないかと感じました。

　一人が始めた遊びに次第に仲間が入り、友達がおもしろいことを考え、何かが始まると引き寄せられるようにどんどん集まり、自分のやってみたいことを伝えたり、ときには思いをぶつけあったりしながら、お互いを認め合っているようでした。次から次へとおもしろい遊びやアイデアが生まれ変化していく遊び。『なるほどぉ』が私の口癖で、『えー！！おもしろい』『おぉ！そうきたかぁ』と驚きの連続。

　年長児の遊びの姿は大人が入りすぎるとおもしろくなくなるし、放置するのもまた違う。遊びにどうかかわるかたくさん考えた一年でした。大人が一緒におもしろがり、それぞれが何を大切にしているのか、小さな声や、こつこつやっていることを見逃さないこと、保育室や廊下など、環境の工夫を一緒に考えていくことの大切さを子どもたちからたくさん教わりました。ふじ組の26人のそれぞれの力や成長を、心からおもしがることができた一年でした。

事例12の保育のPOINT
環境に自らはたらきかける力

芝崎恵子

　年長の4月に始まった「こどもとしょかん」から形を変えつつ、3月の卒園式前日まで続いた実践には、子どもたちの環境へのはたらきかけが細かく描かれていました。この実践を通して、保育者と子どもたちのかかわりを考えてみました。

保育者の想像を超える「ずれ」

　この本のタイトルである「ずれ」にもさまざまな形があると思います。今回の実践は、保育者の想像を超えていく「すごい！」「こんな方向に！」「まさか」がたくさん詰まった「ずれ」でした。「こどもとしょかん」がいつの間にかビー玉をいかにうまく転がすかというコロコロマシーンになり、他の友達やバスの運転手さんも巻き込んだ遊びになっていく驚き。さらには夏休み明けからの映画館に発展して…と続いていく発想。保育の計画を立てるときにもこの発展を予想することはできなかったのではないでしょうか。

その時、保育者はどうかかわるか

　保育者の想像を超える遊びをどのように援助し、かかわるかが悩みどころでもあります。「場を残したい」という希望に、「もう少し広い場所で遊べるよう、環境を変えてみることを提案」した先生。子どもたちのこれまでやこれからを考え、同じ方向を保育者が向いていたからこその提案で、子どもたちもこれを自然に受け入れ、場所を変えることでさらに遊びが深まっています。

試行錯誤しながら遊びが続いていく

　この事例が長く続いた理由のひとつは、「としょかん」やビー玉コロコロマシーンを始めたMくんの「こだわり」だったのではないでしょうか。形は変わっても遊びが終わるのではなく、続きとしてとらえられています。何度も失敗とチャレンジを繰り返すことで遊びが続いているのです。まさに探求している姿。周りの子どもたちも、同じ場にいてそれをよく知っているからこそ、映画館のときにはさまざまなアイデアが出てきています。このMくんの試行錯誤を支えているのが環境ではないかと私は考えます。

保育者の環境への思いから

　担任の先生の思いから、環境として遊びのイメージが広がるものがその場にあることがわかります。子どもたちはそこで自分の遊びに必要なものをじっくりと、またはひらめきをもって選択することができます。おそらくは、入園したときからの経験もつながり、自分から環境に働きかける力が育っているのだろうと推察します。

　物的環境だけでなく時間も含めて、自分がやりたいことにじっくりと取り組めることで、子どもたちが成長していく様子が感じられました。

事例13　文京区立お茶の水女子大学こども園（東京都文京区）　4歳児／11〜12月

保護者も思わず夢中になる
椿ちゃん、救出大作戦

　乳幼児教育において、保護者との連携はとても大切なものです。連携を進めるために親子遠足など計画的に行うものもありますが、日常的なかかわりのなかで、何かのきっかけがあると、保護者も思わず夢中になり、力を合わせる、という体験につながることがあります。椿やイチョウの木にグルグルに巻きついたツルを取り払おうとしたことから始まった事例です。

1　グルグルにツルが絡まる木の下で

（1）M先生、何をしているの？

　11月の終わり、キャンパス内の広場に4歳児クラスで散歩に出かけたときのことです。広場の奥のほうで、M先生が何かを引っぱっている姿が見えました。子どもたちと近づいて見てみると、椿の木に大量の葛の葉や、ツルが絡まっていて、そのツルを取りのぞこうとしていたのです。
　「これじゃあ椿ちゃんがかわいそうなのよ」と言うM先生の答えを聞いて、「一緒にやる！」という声が上がりました。

たくさんのツルや葉がからまってかわいそうな椿ちゃん

　とにかく引っぱるしかない！ということで、その場にいた子どもたちでツルを引っぱります。かわいそうなことに椿の木が見えないくらい絡みあって覆われているので、なかなかとれません！

（2）誰か手伝って！と呼びかける

　「誰か来てー！」「ちょっと手伝ってくれる？」と、広場で遊んでいた子どもたちにも声をかけ応援を頼みました。その声に気づいて来てくれた人たちも「どうしたの？」「椿ちゃんが草だらけなんだよ」「うわー！本当だ」「これ

じゃ、息ができなくて椿ちゃんがかわいそうだ」という声が次々に上がります。人数も増えて心強くなり、力を合わせてまた引っぱります。

　夢中になってツルを引っ張っていた子どもたちは、隣にある大きなイチョウの木とツルが絡まっていることに気づきました。ツルもかなり太くなっていて、これはなかなか手強い！「もっとたくさん人がいたらいいね」「いちょうさん（5歳児）にも手伝ってもらいたいよね」「明日、またやろうね」という声が次々に出ます。この日はできるところまでやってみて、続きはまた明日にしようということになりました。

（3）帰り道、ツルが絡まっている木に目が止まる

　広場からの帰り道、「椿ちゃん大丈夫かな」「苦しそうだったよね」「太陽が当たらないよね」「明日、全部取れるといいね」子どもたちと椿ちゃんのことを語り合いながら歩きます。

　その時、「あれ、ここもちょっと絡まってない？」と、キャンパス内の木を見て立ちどまった子がいました。

　「ちょっとだけだからすぐに取れそうだね」「そうだよね。広場の椿ちゃんはツルと葉っぱで見えなくなっていたもんね」「こっちは大丈夫だ」と話が弾みます。

　椿のことがあったから、大人たちも帰り道は他の木が気になって上を見上げながら歩いて

力を合わせてツルを引っぱるけど、なかなか取れない！

いました。子どもたちも『他に絡まっている木はないかな？』と、上を見上げながら歩いていて、広場の椿や他の木のことを、心配している様子が見られました。今まで見えていなかったものが、一つの体験を経て、目に留まるようになったことに驚きました。

2　園に戻り、協力者募集の貼り紙を作る

　「明日はあのツルを取ろう」と子どもたちと話していると、「保護者も来てくれたらうれしいよね。貼り紙とかしてみてもいいかもね」と、M先生に声をかけてもらいました。保護者と一緒に椿ちゃんを助けることができたら最

高！と思い、ドキュメンテーションとは別に「椿ちゃん　救出大作戦！」と題して、写真とエピソードを保護者からよく見える廊下に貼りだしました。そこに「明日も椿ちゃんを助けに行こうと思います。一緒に広場に行ける方はお待ちしています！」と、アナウンスしてみました。

　迎えに来た保護者の目にも、この貼り紙は興味深く映ったようで、「こんなに覆われてしまうものなんですね」「すごすぎる！」「これは助けたい！」「明日は行けなくて残念だけど椿ちゃんを助けてきてね」「がんばってきてね」などと、子どもたちやほかの保護者に声をかけてくれました。

3　保護者と一緒に「椿ちゃん救出大作戦」

（1）「椿ちゃんを助けよう！」と6人の保護者が集まる

　どれくらいの人が来てくれるのか、楽しみに待っていると…。なんと！6人の人が椿ちゃんを助けに来てくれました。みんなで広場に出発です！「昨日の続きだね」「椿ちゃん助けようね」とはりきって出かけます。

　6人の保護者も、広場で実際に椿やイチョウの木を見ると「これはすごいですね」「なんだか燃えてきました」「やりましょう！」と想いが溢れてきていました。

　みんなの力を合わせて椿の木に絡まっているツルを引っぱりはじめると、近くで遊んでいた5歳児も「まかせて！」と一緒に手伝いに来てくれました。そうやってがんばっていると、少しずつ絡まっていたツルが取れてきて、すっきりしてきました。

「こっちもすごいよー！」みんなで声をかけ合いながらツルを引っぱります

（2）なかなか取れないからこそ夢中になる

　しかし、椿の木の隣にあるイチョウの木はとても高くて、ツルも上のほうに絡まっていて、なかなかとれません。「どうすればいいのかな」と考えているうちに、絡まりの始まりを探そうということになりました。

　こうなると保護者も真剣です！「なんだかもう、この太いツルが人のように思えてきた」「勘弁して！という感じになってくるー（笑）」「本当！かわい

椿ちゃんがすっかりきれいになり、保護者と一緒にうれしい時間

いいとは思えないね」と言いながら、太いツルとの格闘が進みました。

　絡まっているツルをたどっていくと、根っこの部分はかなり太くなっていて、木と同じように固くなっていることがわかりました。「これは引っ張ってもダメそうだね。のこぎりを使って切るしかないね」ということで、次はのこぎりを持ってきて切ろう、ということになりました。

　そして！　力を合わせてツルや葉を取りのぞいていき、椿ちゃんはすっかりきれいになり、今まで光を遮られて過ごしていたのが、生き返ったように元気いっぱいに見えます。「これで苦しくないね」「やったー！　きれいになったね」とみんなで喜び合いました。

（3）ツルがかわいく見えてくる

　椿の木の下には、みんなで取ったツルや葉がたくさん落ちていて「こんなに絡まっていたんだね」「びっくりだね」と、みんなが困っていたツルを手に取ってみると…。「このツル、やわらかいのはリースになりそう！」と、いつのまにやらリース作りが始まりました。

　「あんなにツルはかわいくない、とか厄介だねって言っていたけど、リースになるってわかると、ちょっとかわいくなってくるね」と笑いながら話す声も聞こえてきます。

　椿ちゃんの木からツルが取れてすっきりしたことで、椿の木のそばにあるヒイラギの木にたくさんの実がなっていることがわかり、リースにヒイラギ

「ずれ」に気づくことで行事・環境・計画が新しく生まれ変わった14の取り組み　145

をつけたりしてかわいいリースができあがりました。広場で氷オニや手つなぎオニをしたり、集めた自然物でお店やさんをしたりして、ごっこ遊びを楽しんでいる子どもたちを保護者も一緒に感じて遊び、うれしい時間となりました。

「やりきった！という感じですがすがしい！」
「広場が素敵で楽しい場所でいいなぁと思いました」
「こんな経験、滅多にない！」
「こども園で、いろいろ感じて試していい経験をしていますね」
「あとは隣のイチョウの木ですね！」と、保護者も感じたことを伝え合いながら帰っていきました。

椿ちゃんに絡まって大変だったツルが素敵なリースに！

（4）達成感や興奮が止まらない

　その日もすぐに、今日の出来事の写真とエピソードを昨日の続きで、掲示しました。ドキュメンテーションとは別に出すことで、
　「速報新聞みたいでライブ感があって自分も行った気持ちになる」「椿ちゃん、良かったですね。花が咲くといいね」「それにしてもツルってすごい」「ツルはものすごい勢いで生長するらしいですよ」などと、保護者の方も一緒に感じてくれていることが伝わってきました。

4　それからも続く「救出作戦」

（1）ツルの始まりを切ってイチョウを助けよう！

　次の日、子どもたちと「ツルの始まりを切ろう」「大きなハサミじゃ切れないね」「のこぎりだね！」「それがいい！」と準備をしてのこぎりを持って広場に出かけました。

　椿がきれいになっているかをすぐに見に行って「よかったね」と安心し、次はツルの始まりの部分を探します。Aくんがみんなに「ここだよ」と伝えると「えー！こんなに太いの？」「これはすごい」「切ってあげ

ツルの根元を切って枯らす作戦！

146

よう」と、ツルの根の部分を切って枯らす作戦にしました。子どもたちものこぎりで切るのですが、固くてなかなか切れず、大人も一緒に切っていき、やっとツルの根を切り離せました。これでひとまず様子を見ようということになり、ツルが枯れていくのを待つことにしました。

「ツルって一体何なのか？」について、子どもたちと一緒に調べてみました。すると『ツルは木に巻きつきながら生長する』『ぐるぐると巻きつく力が強いので、木は息ができずに生長できない』『ツルの葉っぱが木を覆ってしまうので光を遮る』『これらのことにより木はやがて枯れていってしまう』『とにかく木の数倍から数十倍のスピードで生長し、どこまでも伸びていくらしい』ということがわかりました。ツルのすごさを実感した時間でした。

（2）椿ちゃんに、花が咲いたよ！

このあとも広場に遊びに行くと「椿ちゃん元気かな？」「イチョウはまだまだツルがすごいね」と、友達に伝えたり、大人と一緒に観察したりして気にかけている姿があります。

4月になり、あんなに葉やツルに覆われていた椿の木にかわいい花が咲いているのを子どもたちが見つけました。

「お花が咲いてる！」と喜ぶ子や「がんばって咲いたんだね」「椿ちゃん、えらかったね」と椿の気持ちになっている子の姿も見られました。

椿ちゃんに花が咲いているのを見つけて、友達を呼びに行き、「かわいいね」「きれいだね」と喜び合っています

第2章

5 実践を振り返って

　子どもたちがいつも遊んでいる大好きな広場でM先生の姿をきっかけに、椿やイチョウの木を助けよう！という大作戦が始まりました。しかし、助けていくうちに「自分たちだけではちょっと難しいかもしれない」ということに気づいていきます。

　保護者を募集しようと紙に書いていると、「うちはお仕事で来られないと思う」「来てくれるといいな」という声が聞かれました。するとBちゃんが「もう誰でもいいから助けてくれればいいよ」と返していました。その一言で周りの子も、そう言われればそうだという感じになり「待ってまーす！とか、ちょっと明るく書いたほうがいいんじゃない？」「そうそう。楽しい感じがいいよね」と、どなたでもいいから待っています！という雰囲気になってきました。

　就労している保護者も多いなかで「明日お待ちしています」という募集はどうなのだろう？という迷いが消えた瞬間でもありました。

　翌日、来てくれた保護者はとても楽しみにしてくれていました。来られない人も「今日、がんばってきてね」「あとで助けることができたのか教えてね」「椿ちゃん、元気になるといいね」など応援してくれました。

　これはどういうことなのだろうか、と考えてみると《今、子どもたちが夢中になっていることや試行錯誤していること》を保護者に知ってもらうことで、その場に参加できなくても同じ気持ちになったり、今の子どもたちの姿に共感してくれたりするのだと感じました。

　子どもたちの姿を可視化し、保育者自身もおもしろさや困難さを感じていること、ワクワクしていることなどを伝えていくことが大事だと思います。日々の保育の中で、いろいろな理由をつけて『できない』とするのではなく、こちら側がどう保護者に向き合っていくか、ともに子どもの姿を大事にしてそのことを喜び合っていけるのかを探っていくことの重要性を感じた事例でした。

事例13の保育のPOINT
保護者と「とも」に育む保育の力

田島大輔

椿ちゃん 救出大作戦の始まり

　4歳児クラスの散歩中、M先生が広場の奥で椿の木に絡まったツルを取り除いている姿を見た子どもたちは、「一緒にやる！」と声を上げ、椿の木を救うための作戦が始まりました。ツルは非常に強固で、子どもたちは友達や他のクラスの子どもたちに助けを求め、徐々に協力者が増えていきました。保護者にも協力を仰ぎ、次の日には大人も加わることになりました。

保護者との連携による大作戦の展開

　保護者を巻き込むため、M先生は「椿ちゃん 救出大作戦！」と題したドキュメンテーションを廊下に掲示し、保護者にも広場での活動に参加するよう呼びかけました。次の日、6人の保護者が応援に駆けつけ、子どもたちと一緒に椿やイチョウの木に絡まったツルを取り除く作業に取り組みました。子どもたちと保護者の共同作業は、ツルの根元を切り離すまでに至り、椿の木は再び陽の光を浴びることができるようになりました。

保育と保護者の関係をつなげる取り組み

　保護者が子どもたちの活動に共感し、積極的に参加する姿が見られたことで、保育者たちは保護者との連携の大切さを再確認しました。活動の記録やその日の出来事を共有することで、その場に参加できない保護者も子どもたちと同じ気持ちで応援したり、興味をもったりする姿勢が育まれたのです。保育者としては、子どもたちが夢中になっていることを保護者に伝えることの重要性をあらためて感じ、日々の保育を可視化することが、保護者との信頼関係を深める一助となることを実感しました。

ともに育む保育とは

　今回の「椿ちゃん 救出大作戦」を通じて、保育者は保護者とともに子どもの成長を喜び合うことの意義を再認識しました。保護者との連携は、単に情報を伝えるだけでなく、保育の過程に共感し、保護者が参加できる機会を提供することで、より深い関係性を築くことができることを学びました。このような経験から、「できない理由」ではなく、「どうすればできるか」を考えることの重要性を再認識しました。

　この事例は、保護者とともに保育を進めていくことの意義と可能性を示し、日々の保育において、保護者とともに子どもの成長を喜び合うことで深まる保育の力を教えてくれました。

事例14 南片江こども園（福岡県福岡市）

地域と「ともに」創っていく保育の営み
地域と一緒に子育ちを！

　令和6年4月より、保育所から保育所型認定こども園に移行した定員120名の施設です。毎日子どもたちがやりたいこと・夢中になっていることに気づき、そばで見守りつつ、大人である私たち職員自身もワクワクしたり、楽しめる日々の保育を大事にしながら保育をしています。妊娠期から切れ目のない支援をしていくことを目標に、地域とのつながりを大切にしています。ここでは地域とともに作り上げていった取り組みを紹介します。

1 自分たちの努力で行ってきた園行事

　園行事は今まで園内の自分たちの努力で行ってきました。例えば、食品を扱ったりすると、当日販売する食材を調達し調理することに始まり、在庫管理や金銭管理、当日のタイムスケジュール等の運用はもちろんのこと、職員で業務の負担を感じやすく、自分たちで考えることの限界も感じていました。また、地域の人とのかかわりを大切にと思い、招待しているのに、お

園でのマルシェの風景

客さんで終わらせてしまっていることに気づき、もっと子どもたちの園生活の中の姿や、育ちの様子について知ってもらい、ともに保育の営みに取り組み、地域みんなが参加できる行事の方法はないかと模索していました。

2 『地域みんなで子育てプロジェクト』という行事（マルシェ）を開催

今まで、大分の姉妹園では『フリーマーケット』という名前で行事を行っていましたが、保護者や地域の方から物品を提供してもらって廉価で販売したり、調理員が作ったお惣菜を販売したりすることしか行っていなかったため、地域の方が積極的に行事に参加できるイベントになっていませんでした。そのため、最近の保護者世代に耳なじみのある『マルシェ』という名前をつけて、地域の方々にも園の中に入ってきてもらい、率先して園の行事に参加できるイベントを立ち上げました。

地域の農園ショップ、パン屋さん、ハンドメイド、アート教室、ハンドマッサージ、睡眠相談、ベビーマッサージ、運動あそびなど、さまざまな分野で活躍する地域の方の協力を仰ぎ、マルシェに出店をしてもらいました。地域の方々に園の営みを知ってもらい、もっと敷居を低くして、子どもたちの育ちにかかわってもらうきっかけづくりとなるように、いろいろな職種の人が子育てを応援できる地域になってほしいという願いも込めて、園の近くの飲食店や福岡市内で営業しているお店などにもお声掛けしていきました。

3 「マルシェ」に参加した親子の様子

地域とともに行うことを大事にしているので、参加者は在園児のみならず、未就園児の親子や地域の子どもたちが参加しやすい行事となることも心がけました。参加している未就園児の親子が各自で遊びを楽しむことも大事ですが、未就園児の親子と在園児の親子が園庭の砂場でふれあうような場所を設けることで、自然と会話が弾むような場面が出てくるのではないかという期待もありました。

その中で親同士の会話が生まれました。話の内容はしっかり聞き取ることはできませんが、未就園児の保護者と在園児の保護者が話をしている雰囲気

が和やかで、時間が経つにつれ育児やこども園に対しての不安がなくなっている様子が伝わりました。また、専門職として、こども園を安心して利用してもらい、育児を楽しんでもらえるような取り組みをしていきたいと改めて感じるようになりました。

こども園を利用する保護者の姿

　実際にこども園を利用する母親の言葉や表情からは、子育てを支え合っていく仲間として安心してくれていることが感じ取れて、とても印象的でした。誰かに話を聞いてもらえるだけで安心する、そんな場所を提供できることに喜びを感じました。このような場面があるからこそ、園がこのような行事を行う意味があるのだと感じています。

親子で協働して作る
アート教室（手形・足形スタンプキーホルダーの製作）を利用する親子

　一緒に手形を押す際に「こんなに大きくなったんだねぇ」と子どもの成長を感じ、会話を楽しみながら製作をしている様子が印象的でした。一緒に何かを作ることで、普段の家庭でのかかわりのなかではなかなか見えない、さりげない子どもの姿

マルシェでアートの製作を楽しむ親子

から成長を感じたり、楽しさを感じる時間になったのではないかと思います。

ハンドマッサージを利用する保護者

　毎日の仕事と育児の両立に疲れている様子でしたが、ハンドマッサージの施術後に「疲れが取れてリフレッシュになりました」とリフレッシュされた様子がとても印象的でした。毎日の仕事と育児に奮闘されるなかで、自分の時間を作るのが難しい保護者にとって、マルシェでのハンドマッサージとい

う空間が、癒しの時間につながった様子を目の当たりにしてとても印象的でした。

出店してくれた地域の方の声

「子どもたちの笑顔に実際に触れて元気をもらいました」「育児をがんばっている親御さんの力になりたい」などという、予想以上にポジティブな感想がありました。そのような感想から、地域みんなが参加できて、みんなで子育てに参加できる行事の必要性や地域資源の豊かさに気づかされました。

多様な参加者の姿や声を紹介してきました。園児や地域の子どもたちがさまざまな経験や体験を一緒にできることで、参加者は地域とのつながりがあることが感じられ、安心して子育てに向き合えるきっかけになるのではないかと考えられます。園行事を園だけでの企画にとどまらせず、地域みんなで作り上げる行事、地域資源を生かしての行事作りを行うことで、地域とのかかわりや親子同士の触れ合いなど、たくさんのつながりを感じることができました。職員だけで園行事を作り上げることも意義はありますが、このような園行事への考え方やあらたな可能性を通して、地域みんなで子どもたちを育て協働していく大切さを感じました。

4 キッチンカー出店でこども食堂機能にもなる

地域と一緒に行事を作る中で、キッチンカーを出店している元保育士のAさんと出会いました。前年度の夏祭り行事では、飲食を調理して対応したのですが、調理時間や食材発注などさまざまな負担があり、その改善の一つとして今年度はキッチンカーに飲食をお願いすることになりました。また、地域交流という目的と、仕事で忙しい保護者の家事負担を軽減し、安価で温かいご飯も子どもたちに提供したいという願いから、こども食堂機能も兼ねたキッチンカーを月に1回、お迎えの時間に出店することになりました。

お店の人には、事前打ち合わせのなかで、通常の販売価格よりも安く、子どもに食べやすいサイズの揚げパンのメニューを用意してもらったり、パンだけでは1食分のご飯にならないので、通常販売していない汁物を1品メニューに追加してワンコインで収まるようにセット販売をお願いしたりしました。こども食堂の機能としては、子ども同士、親同士の交流だけでなく、食

事を提供してくれる人や食事を食べに来た地域の子どもたち、保護者、高齢者などの居場所づくりなどの機能があることが考えられます。また、普段かかわりのない地域の人同士が交流する機会にもなり、顔見知りになることで、家庭で子育てをしている親子の見守りにもつながるのではないかと期待もしています。

こども食堂機能も兼ねて、ワンコインで買えるセットメニューも

5 キッチンカーでのこども食堂から見えてきたこと

　こども食堂の利用は、在園児、一時預かり、こども誰でも通園制度のモデル事業の園児、地域の人など誰でも利用してもらえるようにして、その場での交流を通して、地域の人との多様なかかわりを育むことができるのではと考えました。また、世代的に共働き家庭が多く、なかなか毎日食事を作ることが難しく苦労している保護者がいたり、7人に1人の子どもが貧困状態にあるという調査報告からも、安価な値段で子どもの食事が提供できる環境が必須であると感じ、こども食堂に取り組みました。こども食堂の日は、保護者だけでなく、在園児のきょうだいや保護者の友人など、こども食堂の利用を兼ねてお迎えに来る家庭も増え、1日50食ほど完売するぐらい、こども食堂の利用者が増えました。

　こども食堂の出店を通して、「今日はキッチンカーが来ているので、晩ご飯を作らなくて済むのでうれしいです」「いつもは夕方、園庭で遊ばずに帰るように促されるのですが、キッチンカーのメニュー表を見たり、注文した料理を待ちながら子育て支援事業担当の先生とお話しできるので、話せる時間があるだけでもホッとします」など、さまざまな声が聞かれるようになりま

した。

「子どもが楽しみにしているので、大好きな揚げパンを美味しく食べています」と毎回、揚げパンを楽しみにしている家庭がありました。また、こども食堂で購入したドリンクを飲みながら自宅に帰る道中を楽しみにしている家庭もありました。園児がこども園をがんばったごほうびに大好きなイチゴミルクを購入して、保護者と一緒に飲みながら帰る姿がとても印象的でした。注文を待っている間に、子ども同士の会話で「〇〇さんのお母さんは何か食べるの？」と聞かれたのをきっかけに保護者同士の話も盛り上がり、仲良く会話をする姿が見られました。

キッチンカーでの買い物を通して、親子、保護者同士の交流が広がる

園児や地域の子どもたちがキッチンカーの人との触れ合いも感じられるようになりました。子どもたちがキッチンカーの人と「今日は何のメニューがあるの？　焼きそばパンある？」と話したり、子どもたちが実際に注文をして、お金を支払ったりする姿も見られるようになりました。地域の人との触れ合いや社会勉強も体験できているのではないかと思います。

購入を待っている間に、子ども同士のかかわりや親同士のかかわりが見られ、こども食堂を通して、子どもたちや親同士も交流できる一つのきっかけの場になっていると感じました。その中で、仕事や育児の話をお互いに共感し合い、笑顔あふれるあたたかい雰囲気を感じ、改めてこども食堂の重要性を感じました。今まで私たちは、「園の行事は園の職員だけで作り上げなければならない」と無意識に思い込んでいるところがありましたが、「もっといろんな人に頼っていいんだ」というずれを認識できたことで、これからできることの視野が広がった気がします。

こども食堂を企画するうえで、保護者同士の交流はあるのかという不安な

考えがありました。しかし、子どもたちの様子を見ると、地域の人や保護者に話しかけたり、それをきっかけに大人同士が話したりする姿が見られました。このような行事の中のずれは保育者側の考えであり、実際の子どもたちの姿をみて、子どもたちの何気ない行動に大人は助けられていることを学びました。

6 園ができることの可能性は少ないようでいろいろとある

　園の視察に来た方から、「うちは職員の数が少ないので、担当する職員が少なくてもできる子育て支援事業の取り組みは、どんなことが考えられますか？」と質問をいただきました。実は、園の職員が少なくても実践できる子育て支援の取り組みは、アイデア次第でたくさんあります。

　例えば、①離乳食や幼児食、アレルギー除去食のレシピを玄関入口に置いてみる、②職員が対応できそうな時間帯にZoom等のネット環境を利用して育児相談やアドバイスを行う、③SNS等を利用して、子育て情報等を発信する、④園に外部講師を招聘して子育て支援事業を行う、⑤地域の人にボランティアとしてお手伝いに来てもらう、⑥園の行事に地域の未就園児を招待する等、さまざまな支援策を講じることができます。

　人がいないからできることが少ないのではなく、人がいなくてもできることから始めてみることが大事です。"今、ここで"できることが何なのか、その地域資源とアイデアが今、求められているのではないでしょうか。「園ができることは少ないようでいろいろある」を合言葉にして、これからもチャレンジしていきたいものです。

子育て支援事業も行っています

事例14の保育のPOINT
課題をポジティブにとらえ直す営みの大切さ

田島大輔

　この行事では地域との関連を願って行っていましたが、園と地域のかかわりが深まらないという課題を感じていました。行事の目的は、保育の場で子どもたちの成長を地域全体で支え合うことですが、当初は地域の参加者との関係性がなかなか築けず、難しさを感じていたのです。

　そこで園は、地域の方々を単なるゲストではなく、行事をともに考え合う仲間になっていただくアプローチを試みました。地域のパン屋やハンドメイド作家、ハンドマッサージの提供者など、地域で活躍する方々に積極的に行事に参加してもらうことで、地域と保育の一部が重なる場が生まれました。このプロセスの中で、少しずつではありますが、地域との協働が進み、保護者や地域住民が園の行事へ自然に溶け込み、地域でのつながりが強まっていく姿が見られました。こうした取り組みによって、当初の行事運営に感じていたずれが徐々に解消され、園と地域が協働関係を築くための一歩になっていきました。

キッチンカー型こども食堂で見えた地域との新たなかかわり

　地域との協働の中で見えてきた課題のもう一つの側面は、地域住民や保護者との関係構築が形式的になりがちなことでした。しかし、キッチンカーを活用したこども食堂の取り組みを通じて、そのずれが少しずつ埋まっていきます。キッチンカーは、単に食事を提供するだけでなく、保護者同士が育児の悩みを共有したり、子どもたちが地域の大人と触れ合う場を作ったりすることになりました。園児がキッチンカーのメニューを楽しみにすることで、保護者同士が自然に会話を交わす場面も増え、地域のつながりがより深まる結果となりました。このように、かつて保育者側が感じていた「行事は園だけで作り上げなければならない」という思い込みが変わり、地域と協働することの意味が再認識されました。

ずれから始まった地域のプラットフォームになる保育の新たな可能性

　行事のずれに気づき、それを解消する過程で、地域資源の活用が保育における重要な鍵であることが見えてきました。園行事も一つの地域の資源として捉え、地域を巻き込んでいくことにより、保護者や地域住民が安心して参加でき、子どもたちを支えるコミュニティが自然に形成されるという新たな可能性が見えてきました。南片江こども園の経験は、地域との協働を通じて保育の枠を超えた支援が生まれるだけでなく、保育者自身も地域とのかかわりを深めることで、保育の在り方がより豊かになることを示しています。

座談会

「答え」は目の前の
子どもたちの中にある

宮里暁美　　　　田島大輔　　　　芝崎恵子

行事の「ずれ」と向き合う

行事とは子どもと大人がともに夢を実現する取り組み

田島　この巻は「行事・環境・計画」がテーマです。それぞれの場面で、保育者の想定に対して子どもたちの姿とずれることにより、新たな局面が生まれる様子が見て取れます。変化の中から、当初のプランを変えていった14の事例に対して、重要なポイントやユニークな取り組み、視点などを考えていきます。

芝崎　行事に関する事例を見ると、遊びの中で「ずれ」に気づくチャンスがありますね。保育者がそれぞれの場面で子どもに気づかされたり、自分たちで「あれ？」と思ったことをちょっと変えてみる。その過程で変化が生まれる。そんな循環が育まれているのがおもしろくて、読んでいてワクワクしました。

田島　事例1「上飯田幼稚園　どんなお泊まり保育にする？」は、「夕飯はなぜカレーなの？」非常にユニークな発想ですね。芝崎先生が言われたように、行事のやり方を「直す」とか「修正する」ではなく、ちょっと違った見方をするという事例ですね。

宮里　この事例は、園長さんをはじめ、まさに園ぐるみでおもしろがってい

る感じがしてよかったですね。

田島 保育者がおもしろがっている姿を見せはじめると、子どももおもしろがってきはじめますね。夕食メニューがユニークです。

芝崎 そうめんとラーメンとか、麺類が多かったですね（笑）。

田島 事例2「文京区立お茶の水女子大学こども園　星のナビゲーターって何？」は、宮里先生がまさに当事者ですね。

宮里 文京区立お茶の水女子大学こども園は2016年設立の新しい園なので、とくに伝統のようなものはありません。それでも少しずつ「去年はこんなことをしていた」ということが引き継がれる中、この年は個性的な子どもがいて、「星のナビゲーター」をやりたいと言いだした。それがどんなものなのか、他の子どもたちや保育者にもわからない。だから、保育者はしばらくは何もせずに見守ったのですね。そこから子ども自身が動き出すということがあり、非常におもしろかったです。

芝崎 「そうじゃない。先生はわかっていない」という子どものひと言にドキッとしますね。同時に、そういうふうに言ってくれる子どものありがたさも感じます。子どもの中にしっかりとしたイメージがあって、そこで先生がおもしろがって興味をもち、その後の変化や行動を待っている。そんな雰囲気がいいなと思いました。

田島 総じて、行事は、進めていくことに主眼が置かれてしまうことがあります。お祭りでも、みんなが楽しむ流れに乗ってこない子どもがいると、「なんであの子は参加しないの」という話になりがちですよね。そんななか、むしろ流れに乗らない子どもを「おもしろい存在だ」ととらえて受け止める。また子どもが保育者に問いかけ、想いの違いを否定されたり、思いを出し合える関係を保育者が築けることが大事な関係性ですね。

宮里 子どもの一言に保育者がハッとすることで、気づきが生まれる。行事というのは例年のことを繰り返すのではなく、子どもと保育者がともに夢を実現していく取り組みなのだと思います。

コロナ禍がきっかけで運動会が大きく変わった

田島 事例3「ゆうゆうのもり幼保園　運動会から親子DAYへ」と事例4「ふたばこども園　はじめてのフェス型プレイデー」は、それぞれ運動会がテーマになっています。やはり運動会は保護者も楽しみにしていますし、注目さ

れる行事ですね。

芝崎　運動会は多くの人が従来のイメージをもっています。0歳児ならはいはい競争をしたり、かけっこや玉入れがあったり。ゆうゆうのもり幼保園も、そういった従来の運動会をしていたときに新型コロナウイルスの流行があった。そこから運動会そのものへの視点を変えていったのですね。練習をして、その成果を運動会で披露するという形ではなく、普段の遊びの様子をどうやって保護者に見てもらうかに力点が移っていきます。途中、「真似っこ遊びプログラム」で保護者の写真が出てくるところもありましたが、紆余曲折があって「親子DAY」に生まれ変わった。この過程を見ていると、今後も、さらにおもしろい形へ進化するかもしれませんね。

田島　そこに意味がありそうですね。運動会の開催で、一度いい形が見つかると、それが最適解になって、安心してしまう。でも、そこで留まらず、また変えてみるとか、もっと異なる可能性を追求することもできるのですね。

宮里　運動会のように、保護者が楽しみにしている行事というのは期待感も高くて、これまでのやり方を変えにくいところがあります。しかし、コロナ禍という特殊な事情の中で変えざるを得なくなった。そして実際に変えてみたら、実は従来のやり方がずれていたということに気がつく。事例3（ゆうゆうのもり幼保園）と事例4（ふたばこども園）というのは、まさにそういった状況が見て取れる例だと思います。

田島　ふたばこども園は若い保育者がフェス型プレイデーという新たな提案をして、それが実際に行われました。従来のプレイデーだと待ち時間が長いけれど、フェス型は各コーナーで同時に開催するので、待ち時間が少ない。園長先生も「目から鱗でした」と書かれていて、まさにハッと気づかされたのですね。従来通りのやり方を踏襲していたら気がつかなかったことです。現場の保育者が意見を出し、変えてみようとする勇気、そしてそれを受け止める園長先生、特徴的な事例だと思います。

芝崎　「フェス型はどうですか」という意見が出たり、登園自粛の5歳児だけ後日開催にするという件も、保育者たちの「私たちはこうやりたい」という気持ちが素直に現れています。自然に、そして率直に意見を伝えてくれるのは、園長にとても嬉しいことだったのではないかと思います。そして、まずやってみないと始まらないし、やらなければわからないことがいっぱいあります。

田島　それを思い切って採用するという園長先生も勇気がありますよね。ゆうゆうのもり幼保園もふたばこども園も、今までのやり方でもよかったはずなのに変えてみた。そこからずれを感知し、さらに変わっていく。進化は止まらず終わらないというのが、行事にも通じていて興味深いです。

小さなことでもよく見て考える

田島　次は事例5「三松幼稚園　子どもたちの今を届ける『あそび展』」を取りあげます。この園では以前、園児一人あたり3点の作品を展示する「造形展」を実施していました。それが園の伝統だったのですね。これを見直していくというエピソードです。

芝崎　いわゆる3大行事である運動会、作品展、発表会は型にはまりやすいし、はまったほうが楽といえば楽。脈々と続いている伝統や、各園らしさのようなものがあるでしょうし、その路線で押していくこともできます。でも三松幼稚園は、子どもの毎日の姿をどうやって表現しようかと試行錯誤している。やはり子どもが主体だということを、行事でも感じさせてくれます。

宮里　事例紹介の中にも出てきますが、保育の在り方が変わるなかで「造形展」が「あそび展」に変わっていった。見栄えを意識した作品を展示することと、子どもたちが夢中になって楽しんでいる遊びの様子を伝えることがどうにも一致しない。そこにどう向き合っていくのか。その試行錯誤が大きな気づきにつながっています。これまでの当たり前を変えるというのは、とても勇気がいることですから。そして現場の保育者の方々が「子どもたちがやりたいことはなんだろう」「子どもたちが今、やっていることはなんだろう」ということをずっと考えて、子どもたちの今の姿を届ける「あそび展」に発展した。おそらく時間をかけて作っていったのだと思いますが、教えられることがたくさんある事例だと思います。

田島　「よく見ないと気づかない、小さなことを大事にしよう」という姿勢は、まさに子ども主体を象徴しているように思えます。事例6「文京区立お茶の水女子大学こども園　『表現遊びの会』って何だろう？」は、子どもたちの普段の遊びや生活の様子を保護者に紹介する行事として、表現の方法に葛藤していましたね。

宮里　子どもたちの今を大事にして親子で楽しんでもらうということが目的なので、緩くとらえて実施できるかなと思っていたのですが、担任にはいろ

いろな葛藤があるのですね。

芝崎　最初は劇にしようかと思ったけど、「いやいや、この子たちの日常を見ていると、劇ではないな」と思うところから始まって、次はレストランに行き着く。忍者をやりたい子たちも、保育者の技量で食べ物のほうに引っ張っていくことができたと思うのです。でも、それはしないで、その子たちのやりたい方向へサッと道を開いていくのがいいですね。商店街という形になって、子どもたちは楽しかったと思いますし、「忍者がいいんだよ」と言っていた男の子もきっといい顔をしていたでしょうね。

宮里　レストランにするか商店街にするか迷っているとき、私は相談にのっていて、その場で様子を見ていたのです。これがいいのかなと話しながら、ひょっとしたら、やっぱり違うなと考える。いろいろ模索している時間がよかったのかもしれません。

田島　おっしゃるとおりですね。模索することに意味を見出せるかどうかが大きなポイントですよね。

宮里　模索しながら行事をやってみて、その最後の支え手は、やはり保護者なんですね。お店屋さんがいろいろ出ていて、これはどう受け止められるのだろうと思ったら、保護者の方々は本当に楽しそうに参加してくれるんです。こちらの趣旨も伝わったし、子どもが嬉しそうだと大人も嬉しそうになる。子どもたちの思いを受け止めて、その場をよりよいものにしてくれる保護者のあたたかさに支えられています。

「こんな感じでやりたい」という声が出たときに、そこで立ち止まって考えてみるのが大事

変えたくなったときに無理なく変えてみる

田島　「行事」の事例を振り返ってみると、そこには子ども主体ということがまずあって、同時に保護者も保育者もそれぞれに主体的です。そこは、みんなでともに考えていくことが大事なのではないかと感じました。

芝崎　行事はマンネリ化しやすい傾向があるのですが、保育者が「今年はちょっと変えてみたい」と思ったとき、まず目の前にいる子どもたちがどんなことを考えているのかなと観察し、子どもたちが普段、楽しんでやっていることを活かしていく。そうやって子ども主体で行事を進めることをおもしろがる保育者がいて、子どもがいきいきと遊んでいたら、保護者の方々にも

「うちの子が通っている幼稚園、保育園、認定こども園はこんな場所なんだ」ということが伝わると思います。手作りしたラーメンがおいしくなくても大丈夫。完璧な行事ができなくてもOKなんですね。

宮里 毎年同じことの繰り返しはよくないからと、毎回新しいテーマに取り組んで、苦しそうにしている保育者を見たことがあるんです。「変えなきゃ」はつらいですよね。無理をせず、「こんなことをやりたい」という声が出たときに変えるという緩い感じでよいのではないかと思うのです。「こんな感じでやりたい」という声が出たときに、そこで立ち止まって考えてみると、その年ならではの行事につながると思います。

田島 お二人の話を聞いていると、「変えねばならぬ」も苦しいし、「同じまま」でも疑問ですよね。だから子どもと一緒に楽しんで、おもしろがってワクワクしたり、子どもの興味を保育者が自分ごととして考えると、芝崎先生の言われる「子どもが楽しんでいる」になるし、宮里先生の言う「苦しそうにはならない」のではないでしょうか。日常にある「ずれ」を日々、考えていると、それが積もり積もって、なにかおもしろいことが起きそうになる。行事でもそういう動きが随所に見えてきそうです。

環境・計画の「ずれ」を活かす

子どもが手を放す瞬間に「ずれ」が生まれる

田島 次のパートでは「環境・計画」といった、当たり前のことですが、保育の根幹をなす部分について考えます。まず事例7「文京区立お茶の水女子大学こども園　環境やかかわり方を変えてみると」は、1歳児の大変ユニークな保育の様子が見て取れます。

宮里 1歳児の散歩のとき、子どもと保育者が手をつなぐのは当たり前で、ある意味、人的環境ともいえます。それがあるとき、子どもが手を放して歩き出した。保育者はハッとして、「危ない！ どうしよう」と思ったけれど、安全を確認したうえで様子をよく見てみたら、子どもの行為の裏にいろいろな思いがあることがわかってくる、という話でした。

田島 人と人がかかわる場面も人的環境としてとらえる発想が素敵ですね。手を離すとか、子どもがなにかの意思をもって動いていくというのは、実はすごく大事なことで、小さなことに目を向けることの大切さに気づかされます。

宮里　そうですね。この本の中に、こういう小さいエピソードが入ってくれてよかったなと思います。後半の棚のエピソードもいいですね。保育者の頭の中では、積み木を片付ける棚だった場所が、子どもたちのアイデアを受け止めて、最後には動物たちの帰るおうちになる。こういう小さなことがいっぱいあって、保育ができあがっているのかなと感じます。

芝崎　棚の中に動物たちのうちを作り、次の登園日にみんなが来るまで動物たちは待っていてくれる。子どもたちの中にある、そんなイメージがいきいきと表現されています。私もすごく好きなエピソードです。

思い切って新しい場づくりをする

田島　同じ「環境」についての話にしても、事例8「上飯田幼稚園　子どもたちと一緒に環境を変えてみた！」は極めて明確に環境が変わっていくという話です。

芝崎　保育者が子どもたちと考えながら、その時々の興味関心によって、どんどん場所を変えていくというのがおもしろかったですね。食事の場所が廊下になったのも特徴的ですし、段ボールハウスを部屋の真ん中に設置して、それが子どもたちの場所になっているあたり、興味が尽きません。

田島　「給食はなんでここで食べるのか」「この遊びはなぜこうしているのか」と、「問い」があるのがいいですね。もっと「こうしたいけど……」、部屋の都合でしょうがないと諦めてしまうこともありますが、思い切って変えてみると、実は世界が変わることもありますよね。

宮里　「お昼ご飯ってお部屋で食べる必要ってあるのかな？」という問いかけから、行動が生まれるというのがすごくいいですね。そこに子どもを巻き込みながら、ひとつの動きが次々と連鎖していく。そして冬になると廊下は寒いので、食事場所が部屋に戻る。つまり、心にも体にも正直なのです。ここまで明確に問いをもち、語り合いながら進んでいく物語は魅力的ですし、教えられるものが多いですね。

田島　部屋の環境を変えたいけれど、変えにくいという話が多い中、この事例からは勇気がもらえそうです。事例9「文京区立お茶の水女子大学こども園　給食のやり方を見直してみたら…」はコロナ禍をきっかけに、なかなか変えにくかった給食の場所を変えるという話です。

宮里　これは、主に私が提案したものだったのですが、1つのフロアを3〜5

歳が使っている状態の中、コロナ禍ですから食事の場所を丁寧に作らないといけない。以前のように年齢ごとに3か所で実施するのは大変だったのです。それで1か所にまとめてしまった。

芝崎　コロナという特別な状況ですから、当時はとにかくやらなければならなかったですね。

宮里　すると結果的に食後の遊び場所が変わり、5歳児の保育空間が常に遊びや活動の場所になった。保育室の面積が増えることはあり得ないのに、魔法かと思いました。そのうち、みんなの中に「こちらのほうがよいのでは？」という感覚がじんわりと出て今に至ります。

芝崎　あっちで食べて、こっちで遊ぶ。いわば憧れのランチルームを手に入れたようなものですね。やってみなければわからなかった効果で、うれしい「ずれ」だったのですね。

田島　やはり環境を変えるというのは勇気がいりますが、ポジティブな考え方でものを見ると、次のきっかけになったり、動き出してみようという要因になるということがわかります。

約束事にとらわれず子どもの視点を活かしていく

田島　事例10「金港幼稚園　豆まきからきな粉作りへ」は、普通、あまり変えることのない季節行事を変えていくという興味深い話です。

芝崎　普通だと、豆をまいて、食べておしまいになりますが、子どもが豆を食べたら、本当においしかったのですね。「口の中できな粉になる」のひと言がきっかけで、きな粉づくりが始まります。保育者は伝統行事を伝えたいという思いがあるのですが、子どもたちは豆まきの中に違う楽しみを発見する。その「ずれ」が新しい遊びを引き出しましたね。

宮里　翌年も豆まきのあとにきな粉づくりをやりますが、少し様子が変わっていくのもいいですね。子どもの興味が、鳥にごはんをあげるという方向になる。豆がテーマというのは同じでも、考えることが違う。そこが大事ですね。

田島　季節行事は「こういう由来があって、こんなことをやりましょう」と言いがちになりますよね、約束事に縛られないということも、一つ大事ですね。一方で芝崎先生の

> 大人の想像を超えて、子どもたちは思いもかけない楽しさを生み出していきます

言われるように、豆まきのような伝統行事を伝えたいとも思う。豆を食べることについては安全との両輪が必要です。大事なものをどう伝えていくのか考えなければいけないという事例です。事例11「金港幼稚園　異年齢が交流する行事 子どもたちは楽しめている？」は、異年齢保育という、保育者のねらいははっきりとしていた活動で生じた「ずれ」の話ですね。

芝崎　異年齢児のグループがハロウィンの仮装をしながらスタンプラリーをするなど、まさに行事をやっていますという派手な雰囲気だったのです。実際はグループをまとめる年長児が、迷子になった年中と年少の子どもたちを探しまわるのに時間を取られていました。イベントが終わって、くたびれた様子の年長児が部屋に戻ってくると、保育者が「おつかれさまでした」と声をかける雰囲気で、それを見て「あれ、おかしい」と感じました。年長児にこそ楽しんでほしいのに、ねぎらわれているのです。まさに「ずれ」が生じていて、保育者のほうから「この行事はこのままでいいのかな？」という声が出てきました。

宮里　何年も続けている行事なのに、「このままでいいのかな？」という声が出てくるのがすごいですね。

芝崎　ちょっと行きすぎてしまったというのが正直なところです。ただ新しい形に変えるまでは、少し勇気が必要でした。

田島　3日間のイベントを2日間にしたり、スタンプラリーをやめたり。思い切って新しい形にしたことで、また見えてくるものがありますね。

宮里　長く続けた行事を見直すという体験をすると、他の行事などでも見直しや変更へのためらいが少なくなるのではないかな。「あれは見直してよかったけれど、こちらはどうかしら」という感じです。保育者たちの発想が自由になると、子どもたちの発想や思いに沿いやすくなる。子どもも大人も楽しくなっていきますよね。

> いろいろ模索するうちに、だんだん最適解に近づいてくる。そこに意味を見出していきたいですね

周囲の人たちを楽しく巻き込んでいく

田島　事例12「三松幼稚園　変化し、つながる子どもの姿」はまさに子どもの思いが強い推進力になるという話ですね。ふとした小さなことから生まれた遊びが、モチーフを変えながら、どんどん出てくる姿は大変ユニークです。

芝崎　そうですね。約一年間の長い事例ですから。NHKのEテレ番組『ピタゴラスイッチ』のようなビー玉コロコロマシーンを作るのが大好きな一人の男の子が中心になりながら、その楽しさをみんなが共有しています。途中で一度、コロコロマシーンを作る場所を移動しているのですね。「もうちょっと広いところに行くのはどうかな？」という保育者の提案に対して、子どもたちが「そうだね」と受け入れていく様子がおもしろかったです。

宮里　今回、この巻ではさまざまな「ずれ」が生じたことをきっかけに、子どもと作っていく行事のあり方や、今まで当たり前だと思っていたことを見直すという話をしてきました。語り合いの終盤になって、この事例が出てきたのは象徴的だと感じます。保育者が思っていることとは違う方向へ遊びがどんどん展開していく。そのときの子どもたちの輝きがとても素敵です。

田島　保育者もよく考えて日常のさまざまな計画を立てていますし、「ずれ」が生じたら修正しようとも試みます。でも、この事例は修正ではなく、子どもたちから出てきたものに乗っかってみてしまう。それも一度ではなく、何度でも変化に付き合っていますね。

宮里　さらには幼稚園バスの運転手さんまで登場していますね。担任とは異なり、伴走者であり、時には傍観者である少し離れた大人です。子どもたちが遊びの中で迷ったり、「なにか違うな」と感じたら、気軽に相談できる存在なのですね。

田島　一人の子どもの興味が、他の子どもたちの興味になり、それをきっかけに新たな興味が生まれて、違う子どもにまた拡がっていく。中心になる人が絶えず入れ替わっているような行為が一年にわたって繰り返されていく。「子どもがいきいきしています」という話だけでは語りきれない、保育の営みの複雑かつ大事な要素が見えてきますね。

芝崎　大人の想像を超えて、子どもたちは思いもかけない楽しさを生み出していきます。担任の先生は見守っていた部分も多いと思うのですが、きっと悩みもあったでしょう。

田島　この事例について聞いたとき、担任もかなり悩んでいましたよね。でも悩み、試行錯誤すると、大人だけで考えたら現れにくい、こんなおもしろいことが起きるのです。計画したことでなくて、「起きてしまった」という偶発的なことも大事ですね。事例13「文京区立お茶の水女子大学こども園　保護者も思わず夢中になる」もまさに同じですね。

宮里　キャンパスの広場にある椿の木に絡まったツタを取るという話で、遊びというより仕事のようですが、こういうことって子どもは好きですよね。椿ちゃんがこんな姿になってしまってかわいそう、というところから救出作戦が始まります。子どもたちだけでは難しいから、ダメ元で保護者にも協力者募集の貼り紙をするのです。

田島　親子遠足とか、親子で一緒に楽しむイベントはたくさん聞いたこともありますが、こういう形で保護者を巻き込むという発想がユニークです。行事を見に来る人としての保護者ではなく、保育をともに作っていく人にもなり得るのですよね。

宮里　貼り紙をした翌日、集まってくれた保護者と一緒にツルを退治に行くのですが、当初、ツルは悪者だったのです。でも除去したツルを拾って輪にしてみると、かわいらしいリースになる。すると急に「ツルもかわいいんじゃない？」ということになる。これも一つの「ずれ」ですね。ツルを退治していた人がツルを認め直すのですから。

芝崎　あんなに憎んでいたけれど、やっぱりツルもいい。視点が変わるところがいいですね。

田島　椿ちゃんの事例は保護者を巻き込みましたが、事例14「南片江こども園　地域と「ともに」創っていく保育の営み」では園内行事に、さまざまな分野で活躍する地域の人たちも巻き込んで一緒に作っていく話です。園を地域に開いていくといろいろなおもしろいことが起きる、そんなずれをおもしろがった事例ですね。

芝崎　月に一度、お迎えの時間にこども食堂を兼ねたキッチンカーが出店することになったというのもユニークです。自園でやるとしたら、なかなか大変そうです。

宮里　こども食堂の利用は在園児だけでなく、地域の人たちも巻き込んで、かなり大きい話になっていますね。

田島　地域には子どもとつながりたい人がたくさんいて、そういう人的資源を活かすというのも、実は幼稚園、保育園、認定こども園の大切な役割かもしれません。

答えはきっと目の前の子どもたちが知っている

田島　「環境・計画」の事例では、「チャレンジすることの大切さ」や「疑問

を疑問のままで終わらせない」というキーワードが出ていたように思います。その先にある世界の広がりを期待して、もう少し進んでみたい。そんなふうに動くことに意味がありそうです。

芝崎 計画通りに進まなくてもいいし、かえって計画通りの保育にこだわらないほうがいいのでは。もちろん子どもと保育者、保護者がともに楽しむための計画は大事ですし、必要です。でもそこから「ずれ」が生まれて、自然と変わっていくことを一緒に経験できたらいいと、すごく思います。

宮里 私が保育者になったばかりのころ、藤野敬子先生という素敵な副園長先生とご一緒したことがあります。あるとき、年に一度の研究保育で、何か設定保育をしなくてはならなくなりました。私は子どもたちになにかをさせるようなことに抵抗も感じていたので、「無理」と思っていた。すると藤野先生は「あら、あなたが何かを考えてやってみて、それがつまらなければ『やりたくない』『No！』と言える子どもに育っているのでしょう？」と言われた。「あ、多分、言える子どもたちだと思います」と答えたら、「それだったら、なんでもやっていいのよ」と。この言葉は、ずっと心に残っています。「星のナビゲーター」の事例で「先生、わかっていない」と子どもが言いますね。まさにNo！が言える関係なのです。

田島 私もよく子どもたちに「No！」を言われるタイプです。そんな保育者だったことも思い出しました。一瞬、ちょっと「え」と戸惑う。でも言ってくれたことに「ありがとう」と思えるかどうか、ポジティブにとらえられるかどうかが大事だと思っていました。

宮里 子どもに「No！」と言われたら、「そうか、これじゃないんだね。失礼しました」と思えば、スッと納得できます。

芝崎 子どもは本当に正直なので、おもしろくないことはやらないです。おもしろがっているふりもあまりしないし。意外と子どもたち自身が正解を知っていることが多い気がします。

田島 芝崎先生の金港幼稚園の事例10（豆まき〜）でも、最初の年はきな粉が人気だったけれど、翌年は鳥が食べるかどうかに注目するなど、まさに「ずれ」を楽しむことになるのかなと思いました。

宮里 本を読んで学んだことや、講演会で聞いたことをすぐにやってみたけれど、うちの園ではだめでした、という人の声を聞くことがあります。でも、いったい何日やってみたのかなと疑問に思うのです。新しいことをやってみ

て、なにかが変わったり、新しくなったりしたことの意味を感じて、それが心身にじんわりと染みてくるには時間がかかります。短時間で結果が出ないというだけで「うちには向きません」と結論を出してしまうのはもったいないですね。

芝崎 さっそくやってみるという実行力はよいのですが、やりたいことが、自分の前にいる子どもたちのどの部分に合っているのかを考えることも大切です。

宮里 やってみてだめだったという人は、先に結末をイメージしてしまっているので、現実とずれてしまうのかもしれないですね。

田島 恐らくそうなのですよね。ついついすぐに最適解を探すことを目指してしまい、「これをやればなんとかなる」という切り札が出てきてしまう。でも最適解はそういうところになくて、いろいろ模索するうちに、だんだん近づいてくる。そこに意味を見出していきたいですね。

芝崎 うちの園の子どもで泥だんごを一生懸命、四角にしている子がいたんです。丸ではなくて四角なんですね。壁にこすりつけて、サイコロのような形にしている。本当に真剣にやっているので、声をかけることもできません。「今は邪魔をしてはだめなんだな」という時間を子どもたちはもっているのですね。でもそういうおもしろさは意外と行事の中には入りにくい。

田島 なんで、それなの？ 今はこっち（行事に関すること）をやらないと、と

いうことはよく起きていて、保育者がせかせかとしてしまいがちです。

芝崎 そうです。でも、意外とそういう中からおもしろいきっかけが見つかるときもあると思っていて。ちょっと立ち止まるとか、そのおもしろさをもうちょっと引き出してみるというのも、保育者の仕事の一つなのですね。

田島 それでは最後にひと言ずつお願いします。

宮里 「ずれを見逃さない」「ずれから始まる保育」をベースに考えると、行事・環境・計画というテーマは取り組みやすいように感じます。ぜひ本書で事例を通してお伝えしたエッセンスやコツのようなものを心にとめて、「こんな展開もあるんだな」と気軽にとらえてもらえたらうれしいです。「すごいことをしなければ！」と意気込むと肩に力が入ってしまう。その力をスッと抜く。そして「うちだったらどうだろう」「目の前の子どもたちが、今、何をやりたがっているのかな」と楽しく観察しながら、ちょっと変えてみる。そんなきっかけになればいいなと感じています。

田島 本当ですね。保育を変えるにはこうあるべきだ、などという「べき論」をしてこうしていくと構えた話ではなく、ごく小さな変化をつかんでいく。また、さほど重要ではないように見えることを意識する。この2つのとらえ方は心にとめておいて大切にしていきたいですよね！

芝崎 うちの園は歴史が長く、行事についてはかっちりと決まっていることも多くて、私自身、悩みが多かったのです。本書の読者の中にも「自分の園は変えられない」と感じる人がいるかもしれません。でも今、子どもたちが見ているものを模索して、本当にちょっとだけ変えてみる。そのちょっとの変化が、実はちょっとではなくなるかもしれないし、まわりの人も巻き込んでいくことになるかもしれません。ですから、最初の一歩を大事にしてもらえたらいいなと思います。そして、答えはいつも子どもたちが知っている気がします。ヒントは本書の中にあるかもしれないけれど、答えは目の前の子どもたちの中にあるのです。

田島 素敵な言葉ですよね。先生方、ありがとうございました。

（収録日：2024年6月12日）

編集者紹介・事例執筆園一覧

編集者紹介

宮里暁美 みやさと・あけみ
お茶の水女子大学お茶大アカデミック・プロダクション寄附講座教授
……刊行にあたって／第1章1／第2章　事例9、事例13、事例1.4.5.8.10.11保育のPOINT／座談会

田島大輔 たじま・だいすけ
和洋女子大学人文学部こども発達学科助教
……はじめに／第1章3／第2章　事例2.7.13.14保育のPOINT／座談会

芝崎恵子 しばさき・けいこ
学校法人金港学園 金港幼稚園園長
……第1章2／第2章　事例10、事例11、事例3.6.9.12保育のPOINT／座談会

事例執筆園　※園名等および執筆者・執筆協力者名（敬称略）

学校法人内藤学園 認定こども園 上飯田幼稚園（神奈川県横浜市）
藤田未帆（保育教諭）、内藤啓充（理事長）……事例1、事例8

文京区立お茶の水女子大学こども園（東京都文京区）
伊藤幸子（保育教諭）……事例2、事例13
伊藤ほのか（保育教諭）……事例6
山口春花（保育教諭）……事例7
宮里暁美（再掲）……事例9、事例13

学校法人渡辺学園 幼保連携型認定こども園 ゆうゆうのもり幼保園（神奈川県横浜市）
藤原みつ子（乳児クラス主任）、渡邉英則（理事長・園長）……事例3

有限会社大分ふたば ふたばこども園（大分県大分市）
吉田 茂（園長）、吉田謙伸（保育教諭）……事例4

学校法人総持学園 鶴見大学短期大学部附属 三松幼稚園（神奈川県横浜市）
甲斐愛美菜（幼稚園教諭）、柳谷太（副園長）、鮫島良一（園長）……事例5、事例12

学校法人金港学園金港幼稚園（神奈川県横浜市）
芝崎恵子（再掲）……事例10、事例11

社会福祉法人寿光福祉会保育所型認定こども園南片江こども園（福岡県福岡市）
松岡裕美（主幹保育教諭）、福崎裕喜（主幹保育教諭）、巖水瑠華（園長）、田島大輔（再掲）……事例14

「ずれ」を楽しむ保育
少し変えたらおもしろくなる
行事・環境・計画

2024年12月20日 発行

編集	宮里暁美、田島大輔、芝崎恵子
発行者	荘村明彦
発行所	中央法規出版株式会社
	〒110-0016 東京都台東区台東3-29-1 中央法規ビル
	TEL 03-6387-3196
	https://www.chuohoki.co.jp/
印刷・製本	株式会社ルナテック
装幀・本文デザイン	相馬敬徳（Rafters）
座談会写真	島田 聡

定価はカバーに表示してあります。
ISBN978-4-8243-0108-6

本書のコピー、スキャン、デジタル化等の無断複製は、著作権法上での例外を除き禁じられています。
また、本書を代行業者等の第三者に依頼してコピー、スキャン、デジタル化することは、
たとえ個人や家庭内の利用であっても著作権法違反です。
落丁本・乱丁本はお取り替えいたします。

本書の内容に関するご質問については、
下記URLから「お問い合わせフォーム」にご入力いただきますようお願いいたします。
https://www.chuohoki.co.jp/contact/

A108